MANUEL

DU PÈLERIN

A NOTRE-DAME DE CHARTRES.

MANUEL
DU PÈLERIN

A

NOTRE-DAME DE CHARTRES

par L'ABBÉ BULTEAU.

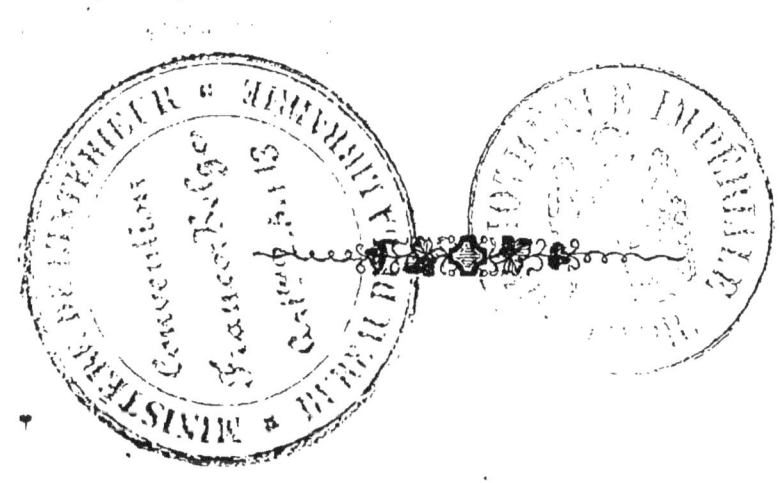

TOURNAI
IMPRIMERIE DE MALO ET LEVASSEUR,
rue de l'Écorcherie, 4.
—
1855.

DÉCLARATION DE L'AUTEUR.

En exécution des décrets d'Urbain VIII, je déclare que, dans la narration des miracles, des révélations et des faits de tout autre genre contenus dans ce modeste *Manuel*, je ne prétends en rien prévenir le jugement de l'Église romaine, à laquelle je soumets sans réserve, comme un fils soumis à une mère infaillible, mes sentiments, mes écrits et ma personne.

M.-J. Bultrau, prêtre.

Le 2 février 1855, fête de Purification.

(Ce Manuel est la propriété de l'auteur : le dépôt exigé par la loi en a été fait.)

MANUEL
DU PÈLERIN A N.-D. DE CHARTRES.

PREMIÈRE PARTIE.

CHAPITRE PREMIER.
Des pèlerinages en général, et du pèlerinage de Chartres en particulier.

La dévotion des pèlerinages tient à la nature même de l'homme : c'est le culte des souvenirs. Les antiques ruines d'une cité excitent naturellement la curiosité des savants ; le champ de bataille illustré par la valeur d'un grand capitaine est visité avec amour par le guerrier ; l'aspect des lieux où s'est passé un grand évènement de l'histoire, où a vécu un personnage célèbre, émeut tous les hommes.

Le christianisme a aussi son antiquité sacrée et ses pieux monuments ; il a ses lieux consacrés par l'accomplissement des plus augustes mystères ou des miracles éclatants ; il a ses catacombes et ses saintes cavernes, qui furent les temples et les cimetières de ses enfants persécutés ; il a ses arènes, qui furent les champs de victoire de vingt millions de martyrs. Il a des solitudes sanctifiées par des anges terrestres; il a des ruines précieuses, qui attestent sa divine origine ; il montre des temples augustes, des sanctuaires vénérés, des tombeaux glorieux, qui publient sa grandeur présente et son immortelle durée.

Les pèlerinages sont aussi anciens que l'Église. Nous apprenons de saint Denis l'aréopagiste et de saint Ignace, martyr, que les premiers fidèles se faisaient un bonheur et un devoir de porter leurs pas à Nazareth, à Bethléem, et surtout à Jérusalem, la première patrie de la foi, le théâtre des souffrances mortelles du divin Sauveur. Du temps de saint Jérôme, on y accourait de toutes les parties de l'empire romain (1). « Les premiers chrétiens, dit un célèbre protestant, ne croyaient avoir complètement affermi leur foi, éclairé leur esprit, renforcé leur cœur pour l'exercice des vertus chrétiennes, qu'après avoir adoré Jésus-Christ dans les lieux où l'évangile de la Croix a jeté son premier éclat. » (2)

---

(1) Saint Jérôme, *Epist. ad Marcellam*, 17, apud Thomassin, tome VI, p. 281.

(2) *Tableau des institutions et des mœurs de l'église*, tome III, par M. Hurter, président du consistoire de Schaffhouse. — L'illustre auteur a eu le bonheur de rentrer depuis dans le sein de l'Église catholique.

Dès le premier siècle de l'Église, le tombeau de la très-sainte Vierge devint aussi le but d'un pieux pèlerinage. Nous en avons la preuve dans les *Toldos* des Juifs : « Les chrétiens, y est-il dit, qui
» venaient prier autour du tombeau de Marie,
» subirent une persécution violente de la part des
» princes de la synagogue ; et il en coûta la vie à
» cent personnes, parents de Jésus-Christ, pour
» avoir élevé un monument sur cette tombe. » (1)

Julien-l'Apostat lui-même avoue qu'avant la fin du 1er siècle, les tombeaux des apôtres saint Pierre et saint Paul étaient déjà fréquentés par une foule pieuse (2). Saint Jean Chrysostôme regrette que les soins du sacerdoce et ses forces physiques ne lui permettent pas d'aller au moins contempler les chaînes de Pierre et la prison où Paul a gémi (3). Saint Paulin nous atteste aussi l'empressement qu'avaient les fidèles de l'Italie à visiter le tombeau de saint Félix de Nole. Les pèlerinages ne sont donc pas une dévotion née dans les siècles d'ignorance, comme on a osé le prétendre.

Dieu est présent partout, il est vrai ; on peut le prier en tous lieux. Cependant c'est une chose sainte et louable de se transporter dans les lieux

---

(1) Bullet, *Histoire de l'établissement du christianisme.*
(2) Saint Cyrille, *Contra Julianum*, lib. X, page 327.
(3) Saint Chrysostôme, *Homel. VIII, in Epist. ad Ephesios.*

où il lui a plu de manifester sa puissance et sa bonté envers les hommes, et dans lesquels la sainte Vierge ou les Saints ont bien voulu faire connaître le crédit dont ils jouissent auprès de Celui qui est le souverain dispensateur de toutes les grâces. Les protestants ont dit que c'est une superstition d'attribuer une prétendue sainteté à un lieu quelconque. Ces rigides censeurs oublient que l'Ecriture sainte, à laquelle ils nous renvoient toujours, attribue la sainteté aux lieux dans lesquels le Seigneur a fait éclater sa présence. Dieu, dans l'Exode, dit à Moïse : *Ote tes souliers : la terre où tu es, est une terre sainte*. Le tabernacle et le temple sont appelés le *lieu saint*. Jérusalem et le mont Sion sont nommés *la ville* et *la montagne saintes*. N'y a-t-il pas même certains passages de l'Ecriture qui justifient l'usage d'aller en un lieu consacré offrir au Seigneur l'hommage de nos prières et de notre reconnaissance? Elcana et Anne, parents de Samuel, n'allaient-ils pas, chaque année, à Siloé, pour y adorer le Seigneur? Jésus, Marie et Joseph n'allaient-ils pas aussi, tous les ans, offrir leurs prières à Dieu dans le temple de Jérusalem?

Les païens même ont compris la convenance des pèlerinages. « Platon ha escript au cinquième livre de sa République, qu'encores que Dieu habite partout, il se faict choix de certaines places, ès quelles il donne plus particulière évidence de sa divinité. » Ainsi parle Rouillard. (1)

D'ailleurs les miracles nombreux, éclatants, incontestables que Dieu s'est plu à opérer en faveur des pèlerins, prouvent qu'il autorise les pèlerinages; car la voix puissante des miracles ne saurait se faire entendre pour favoriser l'erreur. D'un autre côté, l'Église, infaillible dans tout ce qu'elle fait et enseigne, a solennellement approuvé, dans le second concile de Nicée, les pèlerinages entrepris par un motif religieux. Les souverains Pontifes les ont encouragés en y attachant de nombreuses indulgences. Les exemples des saints les ont sanctionnés, et suffiraient seuls pour recommander aux fidèles ces pieux voyages, qui ne sauraient manquer d'être fertiles en grâces célestes, s'ils sont entrepris dans cet esprit de foi et de dévotion que prescrit l'Église.

Enfin cet usage des pèlerinages, qu'on retrouve dans toutes les fausses religions qui se partagent la terre, ne prouve-t-il pas, comme nous l'avons dit en commençant, qu'il est naturel à l'homme de se figurer qu'il existe tel lieu où les sentiments qui l'animent pour la divinité, sont plus vivement

---

(1) *Parthénie ou histoire de la très-auguste et très-dévote Église de Chartres*, par M⁰ *Sébastien Rouillard de Melun, advocat en Parlement*, 1608. 1ʳᵉ partie, fol. 103.

excités que partout ailleurs? N'y a-t-il pas aussi quelque chose qui élève l'ame vers de plus hautes réflexions, dans la pensée qu'une seule et même inspiration a poussé vers le même lieu tant de milliers d'hommes venus des régions les plus lointaines et les plus diverses?

En France, la plupart des anciennes églises dédiées à l'auguste Mère de Dieu sont devenues des lieux de pèlerinage. Mais l'église la plus anciennement célèbre, sous ce rapport, est sans contredit l'église de Notre-Dame de Chartres. Déjà, même avant la naissance du christianisme, elle était un lieu de pieuse réunion pour les Druides qui, éclairés par une révélation primitive répandue dans l'univers entier, honoraient la Vierge qui devait enfanter, « *virginem parituram* ». *Chartres*, disait M. Olier, *cette sainte et dévote église, première dévotion du monde pour son antiquité*, puisqu'elle a été *érigée par Prophétie* (1). Les nombreux miracles qu'en tous temps la puissante intercession de cette Vierge Mère a opérés dans cette église, démontrent qu'elle a voulu y être honorée d'une manière spéciale. C'est ce que disait déjà, en 1226, Guillaume-le-Breton :

> Quam quasi postpositis specialiter omnibus unam,
> Virgo beata docet Christi se mater amare :
> Innumerabilibus signis gratoque favore;
> Carnoti Dominam se dignam saepe vocare.

(1) *Mémoires autog. de M. Olier*, tome 1, page 120.

Le bon Rouillard a exercé sa muse sur ces vers latins, et les a traduits en *rythmes françoises :*

> La Vierge a bien monstré qu'elle aimoit cette église,
> Comme si elle avoit tout autre arrière mise ;
> Car cet extrême amour s'est assez reconnu,
> Par maint et maint miracle, en icelle advenu ;
> Voires qu'elle a daigné, afin qu'on l'y réclame,
> De Chartres s'appeller elle-mesme la dame. (1)

La ville de Chartres est la ville de Marie par excellence ; nulle part ailleurs la Mère de Dieu et des hommes n'a tant multiplié ses miracles, ses faveurs et ses grâces. Mais aussi nulle autre ville n'a tant multiplié les monuments de sa piété et de sa reconnaissance envers cette tendre Mère : à peine peut-on faire quelques pas dans la cité et dans ses alentours, sans y retrouver, sous mille formes, le nom Marie : *Carnotum ubi omnia Mariam sonant*, a dit un vieux géographe chrétien (2). Parmi ces monuments brille au-dessus de tous, l'incomparable basilique, lieu du célèbre pèlerinage ; elle est le plus prodigieux chef-d'œuvre des divins artistes du moyen âge ; c'est là qu'ils ont épuisé toutes leurs industries ; c'est là qu'ils

---

(1) *Parthénie ou histoire de Chartres*, première partie, fol. 121.

(2) Barthélemi de Chasseneux, président du parlement de Provence, *Catalogus gloriæ mundi*. Lyon, 1529, in-fol.

ont payé le plus riche tribut d'amour à l'auguste Reine des cieux.

Les innombrables pèlerins que la sainte Dame de Chartres voyait accourir chaque année dans son temple, lui offraient leurs hommages ou devant son image placée dans la crypte et appelée *Notre-Dame-sous-terre*, ou devant la châsse qui contenait un de ses vêtements, ou devant les statues connues sous les noms vulgaires de la *Vierge noire du Pilier*, *Notre-Dame de la belle Verrière*, *Notre-Dame blanche*, *Notre-Dame bleue*. Ces divers objets matériels de la dévotion des pèlerins fourniront l'objet des quatre chapitres suivants.

CHAPITRE DEUXIÈME.
De la statue druidique de la Mère de Dieu, appelée vulgairement NOTRE-DAME-SOUS-TERRE.

D'après la tradition constante de l'église de Chartres, l'emplacement actuel de la cathédrale était, cent ans avant l'ère chrétienne, un lieu consacré à la Vierge Mère. Là se trouvait un bocage sacré et une grotte où les Druides, prêtres des anciens Gaulois, élevèrent une statue avec cette célèbre inscription : VIRGINI PARITURÆ, *à la Vierge qui doit enfanter;* ils attendaient de cette Vierge le salut moral et intellectuel du genre humain.

Le bon Rouillard, dans sa *Parthénie*, raconte naïvement le cérémonial qu'il imagine avoir été observé pour l'érection de cette statue prophétique.

« Estans donc les Druides arrivez à ce dernier
» centenaire, qui debvoit immédiatement précéder
» la naissance de ce fils de la Vierge par eux tant
» attendu; centenaire expressément désigné par
» sept ou huict livres tirez des archives de l'église
» de Chartres, lesquels comme en chose de très-
» grande importance, j'ai fidèlement conféré les
» uns aux autres, et m'y suis arresté, les trouvant
» tout conformes. Iceux Druides, se voians ser-
» monds (*avertis*) par la révolution du nouvel an,
» à faire leurs cérémonies accoustumées pour la
» récolte du *gui*, qui, mesmes d'après les profanes,
» estoit la figure du Messie.

» Lors en l'assemblée d'iceux, tous revestus de
» leurs chappes blanches, à leur manière accous-
» tumée, en la présence de Priscus, pour lors roi
» de Chartres, des Princes, Seigneurs et Estats de
» la province chartraine; leur souverain Pontife
» qui venoit à ce hault degré par voie d'élection,
» après avoir faict le sacrifice du pain et du vin,
» selon leur coustume ordinaire, et prié le Dieu
» du ciel que le sacrifice qu'il offroit fust salu-
» taire à tout le peuple chartrain;

» Leur remonstra que le souffle divin duquel il
» se sentoit esmeu, lui donnoit tout ensemble et
» ostoit la parole; que le cœur lui battoit d'une
» véhémente secousse, et se trouvoit épris d'une

» allégresse extraordinaire, aiant à leur annoncer
» que, par la révolution du nouveau siècle, il pré-
» sageoit approcher la Vierge prédicte par les
» Prophètes, par les Sibylles et sages Chaldéens ;
» Vierge qui ramèneroit l'aage d'or, et produiroit
» celui qui estoit l'attente et l'espoir des Gentils.
» O ciel ! pourquoi ton mouvement agile est-il plus
» lent et plus tardif que mes vœux ?

» A la mienne volonté que tu rompisses, à la
» mienne volonté que tu crevasses, que de toi
» promptement sortist le Juste, et que la terre
» germast le Sauveur de nous tous ! Que si ma
» vieillesse chenue, et jà proche de sa fosse, ne me
» promet de voir ce bonheur en mes jours, à tout
» le moins, ô Déité suprême, je te rends grâce
» d'avoir inspiré tout nostre sacré collége, d'anti-
» ciper le temps de sa venue, et au millieu de cette
» grotte (il la monstroit au doigt), près de ce puits
» fouillé de nostre ordonnance, ériger l'autel et
» consacrer cette image, par nous faicte à la
» Vierge qui doibt enfanter ce Messie. Vous, Prin-
» ces et Seigneurs, qui estes icy présens, et qui
» en nos escholes avez été imbeus de ce Mystère,
» l'avez-vous pas à gré ? et ne donnez-vous pas à
» ce sainct décret de nostre collége, vostre com-
» mun suffrage ?

» Ainsi parla ce vieillard et souverain Pontife,
» roulant un fleuve de pleurs sur sa barbe véné-

» rable. Incontinent se lève un frémissement par
» tout le corps des Druides, et leur joie fit assez
» paroistre qu'ils persévéroient au statut par eux
» faict. Le roi Priscus, Princes, Seigneurs et Etats
» là convoquez, y tesmoignèrent aussi de leur part
» une singulière et extrême dévotion.

» Adonc fust eslevé l'autel dans la grotte dési-
» gnée, et l'Image de la Vierge tenant un enfant
» entre ses bras colloquée dessus avec grands ap-
» plaudissements. Lors le souverain Pontife des
» Druides, reprenant la parole et tenant le pous-
» seau (*coin*) de l'autel : Je le dédie, dict-il, en
» l'honneur de la Vierge qui enfantera, et ordonne
» que désormais y soient faictes prières solem-
» nelles. O Vierge jà née au ciel, si le zèle de nos-
» tre piété t'avance cet honneur, ains (*avant*) que
» tu sois engendrée sur la terre, anticipe aussi sur
» nous l'effet du salut, que nous attendons de ton
» heureux et saint enfantement. Toute l'assistance
» correspondit à ce vœu et à l'instant finit l'as-
» semblée (1). »

Que faut-il penser de cette antique et constante tradition de l'église de Chartres, tradition conservée dans sa liturgie, dans ses archives, dans son histoire? Peut-on y ajouter foi comme à un fait historique? ou bien doit-on la regarder comme

(1) *Parthénie*, 1re partie, fol. 88 et 89.

une fausse légende? Nous l'avouons sans crainte, la tradition de l'église chartraine nous paraît solidement appuyée sur les monuments de l'antiquité. En cela nous ne suivons pas seulement le trop crédule Rouillard, mais l'unanimité des hommes de savoir et d'érudition qui ont écrit sur les origines de la cathédrale de Chartres, Boustrais, Souchet, Mareschaulx, Le Tunais, Etienne Pintard, Challine, Duparc, Sablon, Doyen, M. Gilbert, M. Aubert, etc.

Remarquons d'abord qu'il n'est pas étonnant de voir que les Druides ont connu le mystère d'une Vierge qui devait enfanter le Rédempteur du genre humain, car tous les peuples ont eu cette connaissance. Partout on en trouve quelques vestiges, quelques souvenirs plus ou moins altérés par les superstitions du paganisme; on la trouve chez les Romains, les Grecs, les Égyptiens, les Perses, les Arabes, les Chinois, les Japonais, les Siamois, les Américains. C'est ce qu'a surabondamment prouvé le savant Drach, rabbin converti, dans sa troisième lettre à ses anciens coreligionnaires (1). Les Drui-

---

(1) Consultez en outre : *Origine de tous les cultes*, par le fameux Dupuis, tome V; — les *Mémoires asiatiques*, passim; — les *Annales de philosophie chrétienne*, passim; — *Histoire des Juifs*, par Prideaux, tome III; — *Histoire de l'Indoustan*, par Maurice, tome II; — les *Mémoires de l'Académie des Inscriptions*, tomes LXV et LXXI. — *Etudes philosophiques sur le Christianisme*, par M. Aug. Nicolas, 1re partie, livre deuxième.

des avaient bien certainement cette connaissance générale provenant d'une révélation primitive. Mais en outre ils pouvaient connaître le mystère d'une Vierge Mère par la prophétie d'Isaïe, qui a dit : *Virgo concipiet et pariet filium ; une vierge concevra et enfantera un fils* (VII, 9). Ils le pouvaient encore connaître par une révélation divine et positive qui leur aurait été faite directement. Les Pères de l'Eglise pensent en effet que Dieu a révélé aux Gentils la venue de son Fils, comme nous le savons très-certainement de Balaam, dont la prophétie était répandue partout, et comme nous l'apprenons aussi par l'exemple des Mages et des Sibylles. C'est ce que pensent beaucoup de théologiens modernes, d'après saint Thomas. D'ailleurs l'Eglise romaine autorise cette opinion dans sa liturgie, puisque dans la prose *Dies iræ* elle invoque le témoignage des Sibylles, lesquelles sans doute n'ont pas été plus favorisées que les Druides, gaulois ou germains (1).

(1) Nous ne pensons pas qu'un esprit réfléchi puisse douter de l'existence des Sibylles, quoi que l'ignorance ou les préjugés aient pu dire dans ces derniers temps contre ces anciennes prophétesses. On ne saurait en douter, puisque leur nom se trouve à toutes les pages des écrivains les plus opposés dans leurs sentiments et leur croyance. D'un côté ce sont les coryphées du paganisme, Platon, Aristote, Varron, Cicéron, Diodore de Sicile, Strabon, Elien, Tacite, Suétone, Tite-Live, Florus, Valère-Maxime, Homère, Virgile, Ovide, Juvénal et Plutarque ; ce dernier même assure que *les*

Mais Chartres n'est pas le seul endroit qui ait vu élever une statue à la Vierge Mère. D'autres villes ont eu des statues druidiques, et cela confirme singulièrement la tradition chartraine. Guibert, abbé de Nogent-sous-Coucy, l'un des hommes les plus savants du XIIe siècle, rapporte que l'église de son abbaye avait été bâtie sur l'emplacement d'un bocage sacré, où les Druides sacrifiaient à la Mère future de Dieu qui devait naître : *Matri futuræ Dei nascituri* (1). Maintenant encore, dit le savant Souchet, on lit au-dessus de l'autel dans l'église de Nogent : *Ara Virginis pariturœ* (2).

Sibylles n'ont pu faire leurs prédictions sans le secours de la divinité. De l'autre, ce sont les colonnes du christianisme, un saint Clément, pape, un saint Justin, un Athénagore, un Clément d'Alexandrie, un Théophile d'Antioche, un Eusèbe, un Lactance, un saint Ambroise, un saint Jérôme, un saint Augustin, un saint Isidore de Séville, un Bède-le-vénérable, un saint Thomas d'Aquin avec toute son école, sans compter dans les temps modernes les Onuphrius, les Sixte de Sienne, les Vivès, les Canisius, les Salmeron, les Possevin, les Crasset, les Cornelius à Lapide, et jusqu'à l'hérétique Châtillon ; tous n'ont qu'une voix pour proclamer l'existence des Sibylles, comme un fait incontestable. Voyez la *Dissertation sur les Sibylles*, par l'abbé Caillau, Paris, 1843.

(1) Guibert, *De vitâ suâ*, lib. II, cap. I.

(2) *Histoire de la ville et de l'église de Chartres*, M. J.-B. Souchet, docteur en théologie et chanoine de l'église de Chartres. 1 vol. in-fol. mss de 1620, à la bibliothèque de Chartres.

De Chasseneux, président du Parlement de Provence, en son savant *Commentaire sur les coutumes de Bourgogne*, affirme que trois églises bourguignones conservaient la même tradition, et l'ont consacrée en plaçant cette inscription sur l'autel principal : *Ara Virginis pariturœ*.

Châlons-sur-Marne a conservé aussi le souvenir d'une Vierge druidique. Voici ce que tout le monde a pu lire dans les journaux de septembre 1833 : « On vient de découvrir dans une maison,
» place du Grail, à Châlons, à huit pieds de pro-
» fondeur, trente squelettes humains, une mé-
» daille de l'empereur Adrien, des fragments
» de chapiteaux à volutes, la tête d'un jeune
» enfant, le buste d'une jeune fille, etc. Suivant
» la tradition populaire, fortifiée par le témoi-
» gnage de l'histoire locale, il y avait, non loin de
» cet endroit, sous Claude et Néron, une chapelle
» souterraine consacrée par les Druides à la Vierge
» des sectateurs d'Hésus. Là ces prêtres gaulois se
» rendaient en grande pompe le premier jour du
» mois, pour y faire des oblations et réciter des
» vers autour d'un autel sur lequel était élevée la
» statue d'une jeune fille tenant un enfant entre
» ses bras. Au bas était cette inscription en lettres
» d'or : VIRGINI PARITURÆ DRUIDES. On doit penser
» que ces fragments d'architecture et ces sculp-
» tures, d'un style antérieur à celui de toutes nos

» églises, tout à fait étranger à celui des Romains,
» et dont la pierre est d'une nature qu'on ne
» retrouve plus dans les carrières des environs,
» pas même dans les constructions des plus
» anciens édifices de Châlons, doivent remonter
» au temps du druidisme (1). »

Si les guerres des Romains et les invasions des barbares n'avaient pas tout détruit et bouleversé dans l'Europe centrale, on trouverait, dans une foule de localités, des vestiges du culte rendu à une Vierge Mère par les Druides; car, d'après un savant du XVIIe siècle, qui s'est beaucoup attaché à l'étude des antiquités druidiques, ces prêtres gaulois et germains élevaient dans le secret de leurs sanctuaires des statues à Isis, c'est-à-dire, à la Vierge de laquelle devait naître un fils, savoir le libérateur du genre humain : *Hinc Druidæ statuas in intimis penetralibus erexerunt Isidi seu Virgini, hanc dedicantes, ex quâ filius illic proditurus erat, nempè generis humani Redemptor* (2). Dans les Gaules, comme en Egypte, Isis était représentée assise avec son fils Horus ou Hésus qu'elle tenait sur ses genoux (3). Les statuettes en bronze qui la

---

(1) *Annales de philosophie chrétienne*, octobre 1833.
(2) Elias Schedius, *de Diis germanicis*, cap. XIII, p. 346.
(3) Dictionnaire mythologique, art. *Isis* ou *Io*.— cf. sur le culte d'Isis ou de la Vierge Druidique, *Théologia veterum*

figurent ainsi, se trouvent assez fréquemment au milieu des ruines gallo-romaines (1).

Certes, voilà bien des témoignages en faveur de l'usage prophétique des Druides. Or s'ils élevaient des statues à la Vierge Mère dans leurs sanctuaires les plus célèbres, ils n'ont pu ne point en élever à Chartres, car là se convoquait le collége des Druides; là se faisaient les initiations; là se formaient les médecins, les devins et les bardes; là se cueillait le gui du chêne; là s'élisait chaque année le chef suprême de la Religion. Le territoire chartrain était pour eux une terre sacrée; tous venaient y chercher des inspirations; tous s'inclinaient devant ses oracles (2).

Nous le répétons, d'après une tradition cons-

Gallorum, par le P. Lescalopier, dans son édition de *Natura deorum* de Cicéron, in-fol. page 720. — *Histoire des Celtes,* par Pelloutier, tome V, page 15. — *Les Druides celtiques,* par G. Higgins, 1827, in-4°, page 162. Cet ouvrage est un des plus profonds et des plus étendus que l'on ait écrits sur les principes religieux de ces prêtres mystérieux. On lira avec intérêt un savant mémoire de M. Bonnetty sur cette phrase de Confucius.: LE SAINT DOIT NAITRE D'UNE VIERGE; (*Annales de philosophie chrétienne,* tome XIX, pages 38-46.)

(1) Le beau cabinet d'antiquités de mon ami, M. Anatole Crapez, en renferme deux qui ont été trouvées dans les ruines de Bavai, ancienne capitale des Gaulois Nerviens.

(2) Histoire de Chartres, par M. de Lépinois, t. I, p. 8.

tante, le lieu consacré à la réunion générale des Druides gaulois était l'emplacement actuel de la cathédrale; et c'est là qu'ils érigèrent leur statue à la Vierge qui devait enfanter, *Virgini pariturae.* Ce n'est pas d'aujourd'hui que l'on invoque l'antiquité en faveur de la tradition chartraine; voici comment s'exprime la chronique manuscrite de l'église de Chartres; elle a été écrite au xiv° siècle: « Dans les écrits de nos ancêtres, dans nos antiques » chartres, comme chez nos écrivains modernes, » on trouve que l'église de Chartres fut, avant la » naissance de la Vierge Marie, fondée en l'hon- » neur de cette Vierge qui devoit enfanter (1). »

La même tradition est consignée dans les lettres de grâce et de pardon données à Loches en l'an 1452 par le roi Charles VII; ce prince accorde ces lettres *« en pitié et en faveur de la ditte église de Chartres, laquelle est la plus ancienne église de son royaume fondée par prophétie en honneur de la glorieuse Vierge Marie par avant l'incarnation de nostre Seigneur Jésus-Christ, et en laquelle icelle glorieuse Vierge fu aourée en son vivant* (2).

Quand, vers l'an 48 de l'ère chrétienne, saint Savinien et saint Potentien envoyés à Sens par

---

(1) Manuscrit de la bibliothèque de Chartres, n° 18 de la 2° partie du catalogue.

(2) *Histoire du pays Chartrain*, par Ozerai, t. II, p. 409.

saint Pierre, passèrent à Chartres, ils furent bien étonnés de trouver la statue prophétique. Ils s'empressèrent d'annoncer que cette Vierge et son divin Enfant étaient venus. Les Druides et les Chartrains crurent à leur parole et se firent baptiser. La grotte druidique servit d'abord de temple à ces premiers chrétiens, et la statue de Marie continua à y être honorée. « Cependant saint Potentian qui s'estoit
» trouvé saisi d'un merveilleux esbahissement,
» entrant dans ladicte grotte, d'y voir un autel
» dédié, et une image consacrée à la Vierge qui
» enfanteroit, ne s'oublia de faire le debvoir de
» dédier ladicte grotte pour église, ensemble de
» bénir l'autel et l'image, à qui durant les brouil-
» las du paganisme ces peuples avoient porté tant
» de respect et de vénération (1). »

Cette statue druidique bénite par saint Potentien a-t-elle échappé à la destruction générale, lorsqu'arrivèrent les persécutions ordonnées par les empereurs romains ? Nous l'ignorons. Et si elle ne fut pas détruite à cette époque, que devint-elle lors des ravages causés par Hunald en 743, et par les Normands en 858, et par Richard en 963 ? Nous l'ignorons encore : l'histoire est muette sur ce point.

Mais ce qui nous paraît certain, c'est que si la

---

(1) Parthénie, 1re partie, fol. 114.

statue druidique de la Mère de Dieu a pu traverser intacte les dix premiers siècles chrétiens, elle fut anéantie par le terrible incendie du 7 septembre 1020, sous l'épiscopat du célèbre Fulbert. Aucun monument écrit ne constate cette destruction, il est vrai; mais les caractères archéologiques de la statue qui fut brûlée en 1793, prouvent que cette statue ne remontait pas au-delà des premières années du onzième siècle. Les archéologues pourront en juger par les gravures exactes qui ont été publiées depuis quelques années. Ils admettront tous que cette pose et ces draperies rappellent parfaitement les caractères des statues du XIe siècle, qui sont parvenues jusqu'à nous. Aussi seront-ils convaincus, comme nous, que la statue a été sculptée sous l'évêque Fulbert, et placée par lui dans la crypte vers la fin de l'année 1022.

Nous savons bien que tous les historiens de l'église de Chartres prétendent que la statue de Notre-Dame-sous-terre, brûlée en 1793, était la même statue jadis élevée par les Druides. Mais ils se sont évidemment trompés. C'est ce qui n'a pas échappé au judicieux Souchet : « Quoi qu'il en
» soit, dit-il, je tiens que c'est une erreur popu-
» laire que l'image qui est à l'autel principal de
» la grotte qui est soubz l'église de Chartres, est
» une de celles que les Druides honoraient ès Gau-
» les, laquelle est d'une sculpture plus récente,

» quoique le bois duquel elle est faicte paroisse
» fort antique, pour être tout piqué et vermoulu,
» ne pouvant avoir résisté à tant de centaines d'an-
» nées sans plus grande altération, sinon par un
» très-grand miracle (1).

Cette antique statue représentait Marie assise sur une espèce de fauteuil, de *faldistorium* assez grossier ; sa tête portait une couronne fort simple ; dans son giron elle tenait son divin Fils, lequel bénissait de la main droite. Ses vêtements étaient la tunique et la chasuble antique ; cette chasuble devait-elle rappeler que Marie est la Vierge-prêtre, *Virgo sacerdos*, comme l'appellent les saints docteurs ? C'est probable. Pintard a décrit très-exactement la Vierge de la crypte ; voici ce qu'il dit :
« Dans la chapelle spécialement érigée en son
» honneur, la vénérable image qui s'y voit élevée
» dans une niche au-dessus de l'autel, est faite de
» bois qui paroist estre du poirier que le long
» temps a rendu de couleur enfumée. La Vierge
» est dans une chaise, tenant son fils assis sur ses
» genoux, qui, de la main droite, donne la béné-
» diction, et de la gauche porte le globe du
» monde. Il a la tête nue et les cheveux fort

---

(1) *Histoire de la ville et de l'église de Chartres*, par J.-B. Souchet, docteur en théologie et chanoine de l'église de Chartres, 1620, 1 vol. in-folio mss. page 48.

» courts. La robe qui lui couvre le corps est toute
» close et replissée par la ceinture; son visage,
» ses mains et ses pieds qui sont découverts, sont
» de couleur d'ébeine grise luisante. La Vierge est
» revestue, par dessus sa robe, d'un manteau à
» l'antique, en forme de dalmatique (chasuble),
» qui se retroussant sur les bras, semble arrondie
» par le devant sur les genoux jusqu'où elle des-
» cend; le voile qui lui couvre la teste porte sur
» ses deux épaules, d'où il se rejette sur le dos.
» Son visage est extrêmement bien fait et bien
» proportionné, en ovale, de couleur noire luy-
» sante; sa couronne est toute simple, garnie par
» le hault de fleurons en forme de feuilles d'ache;
» la chaise est à quatre piliers, dont les deux de
» derrière ont 23 pouces de haulteur, sur un pied
» de largeur, comprise la chaise; elle est creuse
» par le derrière comme si c'était une écorce d'ar-
» bre, de trois pouces d'épaisseur, travaillée en
» sculpture. La statue a 28 pouces et 9 lignes de
» haulteur (1). »

Le visage de la statue était noir; Sablon va nous en dire naïvement la raison : « Elle étoit noire ou
» mauresque, comme le sont presque toutes les

(1) *Histoire chronologique de la ville de Chartres*, par Alex. Pintard, greffier de l'élection et ancien échevin de la ville de Chartres, 1 vol. in-fol. mss. 1681. pages 40 et 41.

» images qui la représentent dans la ville de Char-
» tres, et l'on croit que les Druides l'ont ainsi
» dépeinte, parce qu'elle étoit d'un pays plus
» exposé au soleil que le nôtre (1). » Il va sans dire
que l'explication du bon Vincent Sablon ne repose
sur rien. Si la plupart des statues de la très-sainte
Vierge sculptées et peintes au moyen âge, ont le
visage noir, c'est pour faire allusion à ce passage
des Cantiques que l'Eglise met sur les lèvres de
Marie : *Nigra sum sed formosa; je suis noire, mais
belle cependant aux yeux du Roi.*

La statue de Notre-Dame fut placée par Fulbert
à l'endroit même, dit Félibien, *où les Druides fai-
soient leurs assemblées, et où ils élevèrent la figure
qu'ils dédièrent à une Vierge qui devoit enfanter.* (2)

Dans la première moitié du xiie siècle, la Vierge
de la crypte devint plus célèbre que jamais dans
tout le pays. La maladie qu'on nommait le *feu sacré*
ou le *mal des ardents* affligeait alors la France; ceux
qui en étaient atteints, étaient comme brûlés par cette
cruelle maladie. Les remèdes de la médecine étaient
impuissants contre elle. C'est alors que les malades

---

(1) *Histoire de l'église de Chartres,* par Vincent Sablon;
page 61.

(2) *Plan de l'église sous terre de Chartres,* par Félibien;
conservé à la bibliothèque de Chartres.

vinrent implorer l'intercession de la Mère de Dieu; l'évêque leur conseilla de faire une neuvaine de prières en l'honneur de celle que l'Église appelle la *santé des malades*, *salus infirmorum*. Leur confiance ne fut pas vaine; la plupart furent guéris; c'était en 1130. A dater de cette époque, les *ardents* se rendirent en foule à Chartres pour y trouver guérison. Le poème des miracles constate ce fait : « On vient en la grotte de Chartres, dit-il, là où » la Dame fait finir le mal en neuf jours. »

> En la grote à Chartres venir,
> La ou la dame fet fenir
> Dedenz IX jorz la maladie
> Ou soit à mort ou soit à vie (1).

Ailleurs Jehan le Marchant nous apprend qu'il y

> Avoit de malades grand presse
> Qui en l'église demoroient
> A Chartres, et qui se gesoient
> Parmi l'église les ales (les bas-côtés)
> Et en litières et en les
> Chacun garison et aie (assistance)
> Atendoit de sa maladie (1)

Mais ce n'étaient pas seulement les *ardents* qui se rendaient en foule devant l'autel de Notre-Dame-

---

(1) *Poème des miracles de Notre-Dame de Chartres, composé en 1262 par Jehan le Marchant*, chanoine de la cathédrale. Garnier, 1850, page 3 et 91.

sous-terre ; c'était une immense multitude de toute condition. Là ils offraient à Marie leurs hommages et leurs prières ; là le riche déposait son or, et le pauvre son obole (1) ; là se voyaient les innombrables *ex-voto*, éloquents et muets témoignages de la gratitude des pèlerins ; là chaque ornement avait sa signification et parlait d'une infirmité guérie, d'un malheur éloigné, d'une affliction consolée, d'une victoire remportée, d'un enfant conservé à sa mère, d'une tentation vaincue, d'une grâce obtenue.

C'est devant cette sainte et vénérable statue de Notre-Dame qu'eurent lieu la plupart des miracles que le Seigneur opéra au commencement du 13e siècle, pour exciter la pieuse libéralité des fidèles en faveur de la cathédrale de Chartres, qui se construisait alors ; ces miracles se firent à la prière de la Reine du ciel, qui voulait posséder à Chartres un temple sans pareil dans le monde, comme nous le dit Jehan le Marchant, en son naïf langage :

(1) Ces offrandes constituaient un riche revenu pour la cathédrale, à cause de la multitude des pèlerins. Les registres capitulaires de 1338 nous apprennent que la recette du tronc de Notre-Dame-sous-terre, aux jours de la Saint-Martin d'hiver, de Saint-André et Sainte-Luce, produisit 95 livres tournois, représentant 2,352 francs de notre monnaie.

La haute Dame glorieuse,
Qui vouloit avoir merveilleuse
Eglise et haute et longue et lée (*large*)
Si que sa per (*pareille*) ne fut trouvée,
Son doux fils pria doucement
Que miracles apertement
En son église à Chartres fit,
Que tout le peuple le vit,
Si que de toutes parts venissent
Gens qui offrandes tant fissent,
Que achevée fut son église
Qui estoit à faire emprise (*entreprise*).
Le Roi des rois, le tout-puissant
Fut à sa mère obéissant ;
Doucement oit (*écouta*) ses prières,
Miracles de maintes manières
Fit pour sa mère apertement (1).

 Douze lampes, dont deux étaient d'or pur, brûlaient constamment devant l'image de Notre-Dame-sous-terre ; et la piété des pèlerins apportait chaque jour des cierges nombreux dont la lumière mystérieuse éclairait la crypte. La plus ancienne fondation de cierge que nous connaissions, remonte à l'an 1134. On sait qu'alors la ville de Chartres fut presque toute détruite par un violent incendie ; la cathédrale échappa seule aux flammes. Pour en remercier la très-sainte Vierge, à qui l'évêque

---

(1) *Poème des miracles de Notre-Dame de Chartres*, page 52. Nous avons changé un peu l'orthographe du texte, afin de le rendre plus intelligible.

Geoffroi attribua cette miraculeuse préservation, et aussi pour éloigner de nouveaux malheurs, le pieux prélat *constitua deux cierges qui brusleroient jour et nuict devant l'autel de la très-sacrée Vierge de sous terre* (1).

Un grand nombre de messes avaient été fondées à cet autel, à cause de la grande vénération qu'on y portait. Rouillard nous apprend que « le Roi
» Louis onze auroit fondé en icelle grotte un obit
» par chascun an, et une messe basse à dire chas-
» que jour devant l'image de Notre-Dame soubs-
» Terre, et assigna la fondation de la dicte messe
» sur la ferme du greffe du Bailliage de Chartres,
» qui estoit lors au domaine du comté, sçavoir en
» l'an 1487 (2). »

La crypte, œuvre de Fulbert, où se trouvait la statue druidique, avait treize chapelles; la plus remarquable était celle de Notre-Dame sous-terre; elle se trouvait sous le latéral gauche du chœur, à la hauteur de la chapelle actuelle de la Vierge-noire du Pilier. Les rois et les princes, hôtes assidus de la sainte *grotte*, se plurent à l'embellir par les présents de leur généreuse piété. « Elle est riche et ornée autant que chapelle au monde, disait Sablon en 1697. Toutes ses murailles sont

---

(1) Parthénie, 2me partie, fol. 35.
(2) Parthénie, 1re partie, fol. 125.

revêtues de marbre, et son balustre est de même matière; ce n'est que jaspe et peinture à l'entour de l'autel, et le lieu où le peuple se met pour prier la sainte Vierge est ornée de belles peintures qui couvrent haut et bas toutes les murailles et même la voûte. » Ces peintures murales existent encore; les autres richesses ont disparu.

Cette sainte statue, vénérée par tant de milliers de pieux pèlerins et illustrée par tant de miracles, n'obtint point grâce devant les démolisseurs de 1793. Déjà trois ans auparavant, l'autorité ecclésiastique avait été obligée de fermer la crypte et d'y interdire le culte à cause des désordres sacriléges qui s'y commirent pendant la messe de minuit de Noël, en 1790. Au mois de juillet suivant, l'évêque constitutionnel Bonnet, à la prière du peuple chartrain si dévot à sa bonne *Notre-Dame*, fit placer l'antique statue de la crypte dans l'église haute, sur la colonne qui servait de support à la Vierge-noire du Pilier, laquelle fut jetée parmi les débris des chapelles, dans un coin obscur de la crypte.

La statue druidique demeura sur sa colonne jusqu'à la terreur de 1793. Alors la cathédrale, dédiée à la Vierge immaculée, fut transformée en temple de la déesse Raison; l'installation de cette impure divinité eut lieu le 20 décembre 1793; et ce fut à cette occasion qu'un révolutionnaire impie

arracha la vénérable statue de son pilier, et la jeta violemment sur le pavé. La tête détachée du tronc roula aux pieds des nombreux témoins de cette odieuse profanation. Malheureusement on ne s'arrêta point là ; les débris furent recueillis par ordre du conventionnel Sergent et sacrilégement brûlés devant la porte royale, avec une partie du riche mobilier de l'antique basilique. En rendant compte de ces *hauts faits*, Sergent est obligé de rendre hommage à l'heureuse influence que le culte inspirateur de Marie a toujours exercée sur les arts :
« Il me semble, dit-il dans son rapport du 24 dé-
» cembre 1793, que la dévotion que les prêtres
» avaient su inspirer pour cette Vierge magotine,
» que nous avons fait brûler décadi dernier, ait
» appelé et animé tous les artistes les plus célè-
» bres de ce temps-là pour construire l'église. »

On pourrait facilement rétablir, dans sa forme primitive, cette statue miraculeuse, victime du fanatisme révolutionnaire, puisqu'on en possède plusieurs dessins authentiques. C'est une restauration digne du savant et pieux prélat qui gouverne aujourd'hui l'église de Chartres. Peut-être suffirait-elle pour raviver l'amour des bons villageois de la Beauce, du Thimerais et du Perche, jadis enfants si fidèles et vassaux si dévoués de l'auguste et sainte Dame de Chartres.

Ce qui précède, était écrit depuis plusieurs semaines, lorsque nous avons trouvé, dans le *Journal de Chartres*, numéro du 4 mars 1855, la lettre suivante ; nous la reproduisons, parce qu'elle est de nature à intéresser vivement les pèlerins de Notre-Dame.

« M. le rédacteur,

» Il y a quelques semaines, une lettre pastorale de notre pieux évêque nous annonçait, pour le mois de mai prochain, la faveur d'un Jubilé particulier, et le couronnement solennel de Notre-Dame de Chartres, au nom du souverain Pontife. Cette nouvelle aussi heureuse qu'inattendue nous a causé la joie la plus vive, et nous avons tressailli à la pensée de la fête magnifique qui doit célébrer le triomphe de notre auguste patronne. Mais un autre évènement va, ce nous semble, exciter au plus haut degré l'enthousiasme de la population chartraine. Inspiré par son zèle ardent pour la gloire de Marie, notre bien-aimé Pontife a conçu le pieux dessein de rendre bientôt à la dévotion des peuples une des chapelles de l'église de souterraine de Notre-Dame de Chartres, en attendant la restauration complète de ce monument, le plus vénérable qui ait été consacré à la Mère de Dieu. Cette pensée nous a paru si belle et si capable d'exciter l'intérêt non-seulement de nos compatriotes, mais de toutes les personnes chrétiennes, que nous n'avons pu garder pour nous le sentiment de joie qu'elle nous a fait éprouver.

» Chartres va donc recueillir enfin ces précieux et touchants souvenirs tristement ensevelis, depuis plus d'un demi-siècle, dans la poussière de cette grotte abandonnée. Nous pourrons enfin renouer la chaîne des temps, et suivre de nouveau la foule des pieux pèlerins qui accouraient autrefois de tous les points du monde pour vénérer la statue antique de la *Bonne Nostre-Dame-soubs-terre*, que les Druides eux-mêmes avaient érigée en ce lieu et qu'ils honoraient d'un culte prophétique.

» Sans doute, nous n'avons pas l'espérance de voir sitôt briller dans ce sanctuaire le marbre et le jaspe qui ornaient autrefois son autel, ni les douze lampes de bronze doré brûlant nuit et jour devant l'image de l'illustre Madone. Mais qu'est-il besoin de ces richesses que des temps plus heureux pouvaient offrir comme ex-voto de reconnaissance? La prière, si souvent l'expression de la tristesse et de la douleur, aimera ces murailles nues, ce pavage, cet autel simple que nos offrandes vont y replacer, ces demi-jours qui invitent si bien à répandre son âme devant celle qui en est la consolatrice. D'ailleurs n'est-ce pas une richesse réelle que ces attachants souvenirs d'un autre âge qui réveillent dans notre mémoire tant de faits touchants ou glorieux accomplis dans nos murs, qui nous reportent au berceau de notre foi, et à l'origine du culte si suave de la mère de Dieu, qui nous rappellent tant de Saints, tant d'illustres personnages dont le bonheur était de venir prier dans le silence de cette crypte vénérable ?

» C'est là, c'est dans cette grotte, dont le rétablissement si heureusement projeté fait battre notre cœur, que fut exposée, pendant tant de siècles, la Vierge des Druides, appelée depuis la Vierge aux Miracles; c'est là qu'eut lieu, par les ordres du gouverneur Quirinus, le massacre d'une foule de martyrs qu'on a surnommés les Saints-Forts; c'est là que le roi Priscus, n'ayant point d'enfants, fit héritière et suzeraine de sa seigneurie de Chartres celle qui, à dater de ce jour, ne porta plus que le nom de Notre-Dame; c'est là que le grand Fulbert, en reconnaissance de la guérison d'un mal affreux qui le consumait, résolut de célébrer chaque année la fête de la Nativité de la sainte Vierge, avec une pompe inconnue jusqu'alors; c'est là que plus tard le vénérable M. Olier, fondateur de la congrégation de Saint-Sulpice, vint déposer les clefs de son premier séminaire et offrir tous ses enfants à Marie dans ce sanctuaire qu'ils aiment tant à visiter; c'est là que vinrent s'agenouiller tour à tour et Philippe Ier, roi de France, que saint Yves venait de sacrer dans l'église haute, et le pape Innocent II, et saint Bernard, et saint Louis au retour de la Terre-Sainte, et Henri IV, qui, après avoir reçu l'onction royale dans notre célèbre basilique, voulut descendre au pied de cet autel vénéré pour proclamer solennellement que c'était à la Vierge de Chartres, plutôt qu'à son épée, qu'il devait son royaume; enfin, c'est là que Anne d'Autriche obtint d'avoir un fils qui devait s'appeler Louis-le-Grand, et que Louis XIII reçut cette inspiration sublime de vouer à la Reine des cieux son trône et sa personne.

« Mais il nous est impossible de tout dire dans l'espace trop resserré d'une lettre. Il faudrait raconter tant de faveurs miraculeuses obtenues dans cette grotte célèbre, et l'affluence inouïe des pèlerins, et les touchantes cérémonies qui s'y passèrent, et cette gracieuse fondation d'un de nos rois qui voulut que, chaque samedi, les jeunes enfants de la Maîtrise descendissent dans la crypte chanter à l'autel de la sainte Vierge, pour lui et pour sa famille, un salut du Saint-Sacrement.

« Voilà le sanctuaire auguste que notre vénéré Pontife veut tirer enfin de l'oubli, et rendre au plus tôt à sa destination pieuse. Où trouver une circonstance plus favorable à l'exécution d'une si sainte entreprise que l'époque du jubilé de Notre-Dame de Chartres et de son couronnement solennel? Mais il est bon de nous rappeler ici l'exemple de nos aïeux. Quand notre illustre Fulbert voulut bâtir sa cathédrale, dont cette crypte est un précieux reste, tous les princes chrétiens de l'Europe, les seigneurs, le clergé et le peuple s'empressèrent de lui venir en aide; et, deux siècles plus tard, le légat du pape Célestin III retrouva partout la même ardeur lorsque, sur les débris fumants de cette église, il proposa d'élever le temple magnifique qui fait l'ornement et la gloire de notre vieille cité. Les enfants si nombreux et si dévoués de la Vierge immaculée montreraient-ils aujourd'hui moins de zèle pour l'honneur de leur mère? Nous ne le croyons pas, et notre confiance ne sera pas trompée. Du reste il ne s'agit pas ici d'une œuvre gigantesque et qui demande des sommes considérables. Il suffit d'un peu de cœur et d'un léger sacrifice. Donnons et pour le couronnement de Notre-Dame de Chartres et pour la restauration de sa chapelle souterraine. Que le riche et le pauvre, que le prêtre et l'artisan apportent leur obole : ce sera l'obole de la bénédiction, parce que ce sera celle de la piété filiale, et nous avons l'expérience, nous habitants de Chartres, que, au jour de nos adversités, l'aumône versée avec amour pour la gloire de Marie nous est largement rendue.

« Agréez, etc.,
Un serviteur de Notre-Dame de Chartres. »

CHAPITRE TROISIÈME.

Du vêtement de la très-sainte Vierge, vulgairement appelé SAINTE CHEMISE.

L'intérêt si puissant qui s'attache à cette précieuse relique, sous le double point de vue de lascience et de la religion, m'engage à m'étendre longuement : je serai toujours fidèle et exact.

Je traiterai, dans cinq paragraphes, les points suivants : 1° des divers vêtements de la sainte Vierge en général ; 2° des vêtements de la sainte Vierge à Constantinople ; 3° des vêtements de la sainte Vierge existant en Occident ; 4° du vêtement de la sainte Vierge dans le trésor de la cathédrale de Chartres ; 5° de l'histoire de ce dernier vêtement jusqu'à nos jours.

§ 1. *Des vêtements de la sainte Vierge en général.*

Une fidèle tradition nous apprend que la Mère de Dieu, au moment de sa mort, fit donner ses vêtements à deux pauvres veuves, ses voisines. » Au reste, dit Nicéphore Calliste, historien trop
» décrié depuis deux siècles, toutes les femmes
» renommées de la ville de Jérusalem qui luy
» apartenoient ou par familiarité et amitié, ou par
» affinité de race et alliance, la vindrent veoir.
» En la présence d'icelles, la saincte Vierge or-

» donna et enjoignit au disciple Vierge et autres
» du logis, de donner ses deux habillements à
» deux vefves ses voisines, qui entre toutes lui
» avoient porté plus d'amitié et révérence (1). »

Quels étaient ces vêtements légués par la très-sainte Vierge ? il n'est pas difficile de le deviner ; c'étaient les vêtements ordinaires des femmes juives de son temps. Or, d'après la sainte Ecriture et l'archéologie biblique, le costume des femmes se composait d'une tunique, d'une robe, d'une ceinture, d'un manteau et d'un voile. Quelques mots d'explication sur chacun d'eux.

La tunique appelée *kathoneth* en hébreu, se portait sur la peau et remplaçait notre chemise. Elle était le plus souvent faite d'une étoffe de lin ou de coton. Elle avait les manches longues et larges et descendait jusqu'à mi-jambe ou même jusqu'aux pieds ; ordinairement elle était sans couture et d'un seul tissu avec les manches. Telle est

---

(1) *Histoire ecclésiastique de Nicéphore, fils de Calliste Xantouplois, traducte nouvellement en françois*, par deux docteurs en la faculté de Théologie de Paris ; 1586, in-folio, livre VII, chap. 21, page 82.—Cf. *Miroir historial* de Vincent de Beauvais, lib. VII, cap. 75-79 ;—*Légende dorée* de Jacques de Voragine, archevêque de Gênes, *De assumptione B. Mariæ* ;— *Fleurs des vies des Saints*, par le jésuite Ribadeneira, au 15 août.

la tunique de N.-S.-J.-C. conservée à Trèves (1). La tunique, *tunica*, fut souvent appelée par les Pères latins *camisia* (2). De là le nom de *sancta camisia* donné au vêtement de Chartres, parce que l'on croyait posséder une *tunique* de la sainte Vierge.

La robe ou *mehîl* se mettait au-dessus de la tunique; elle était sans manches et descendait jusqu'aux talons ou au moins au-dessous du genou.

Ce double vêtement était retenu autour des reins par une ceinture de lin ou de laine ; elle était ornée de broderies d'or et de franges pour les femmes de qualité.

Le manteau que les Hébreux nommaient *scimlâ*, n'était qu'un grand morceau d'étoffe carré ou oblong sans coupe, presque toujours de couleur blanche. Il s'ajustait autour du corps de diverses manières. Les burnous ou manteaux que portent encore les Kabyles et les Arabes rappellent parfaitement le *scimlâ* des Juifs, si l'on en ôte la cape. Le *supparum* des Latins ressemblait aussi beaucoup au manteau juif.

Le voile était l'ornement obligé des femmes jui-

---

(1) *Histoire de la Tunique de J.-C. conservée à Trèves*, par M. Marx, pages 8-14.

(2) Saint Jérôme, *Epist. ad Fabiolam*; — Saint Isidore, *Origin.* lib. XIX, cap. 21.

ves, quand elles sortaient : c'est encore l'usage de l'Orient. Le voile était le plus souvent confectionné avec une sorte de gaze légère, qui chez les riches était brodée en or ou en soie. Les dimensions n'en étaient pas grandes ; il servait seulement à couvrir le visage. (1)

On le voit, l'héritage de la sainte Mère de Dieu se composait très-probablement de deux tuniques, de deux robes, de deux ceintures, de deux manteaux et de deux voiles. Il est naturel de croire que tous ces précieux vêtements ont été conservés avec un soin religieux par les premiers fidèles.

On peut encore regarder comme vêtements de la très-sainte Vierge, les bandelettes et les suaires, confectionnés sans doute avec les plus riches étoffes, selon la coûtume des Juifs (2). Marie en s'élevant au ciel a laissé ses vêtements funèbres dans son tombeau pour servir à la consolation des fidèles ; et ils y restèrent jusqu'au 5e siècle, comme nous le dirons plus loin.

Voilà certes bien des vêtements que Marie a laissés sur la terre ; et voilà ce qui explique leur pré-

---

(1) *Dictionnaire de la Bible*, par D. Calmet, au mot *Vêtement*. — *Introduction historique à l'ancien et au nouveau Testament*, par M. l'abbé *Glaire*, tome II, pages 287-300. — *Antiquités hébraïques*, par Pareau, tome 1, page 285 et suivantes.

(2) *Antiquités hébraïques*, tome 1, page 300.

sence dans un si grand nombre d'églises de l'Orient et de l'Occident.

§ 2. *Des vêtements de Marie à Constantinople.*

Le premier vêtement de la très-sainte Vierge que vit Constantinople, fut apporté en 326 par l'impératrice sainte Hélène; elle l'avait trouvé en Palestine après de longues recherches. C'était un voile (1).

Au commencement du 5e siècle, l'empereur Arcade s'estime heureux de posséder une ceinture de la très-sainte Vierge; il fit enchâsser magnifiquement cette précieuse relique (2). Saint Germain, patriarche de Constantinople, a un éloquent discours *sur l'adoration de cette ceinture* (3).

Vers 450, d'autres vêtements, saintes reliques de l'auguste Mère de Dieu, furent encore apportés dans la nouvelle Rome. Saint Germain, patriarche de Constantinople, va nous apprendre en quelles circonstances : « L'empérière Pulchérie,

---

(1) *Histoire de Trèves*, par Hontheim; tome 1, page 226. — Cf. Onuphrius, *Lib. de septem ecclesiis.* — Le père Porée, *Triple couronne de la bien heureuse Vierge*, traité IV, chap. VIII, § 4.

(2) *Histoire ecclésiastique* de Nicéphore, Liv. XV, chap. 14.

(3) *Orat. de adoratione zonæ Deip.*, apud Surium, 31 augusti.

» espouse de l'empereur Martian, auquel Léon I
» succéda, entre autres églises qu'elle fit bâtir
» dans cette métropole du Levant, elle en fit cons-
» truire une en l'honneur de la bienheureuse
» Vierge au palais de Blachernes; et Juvénal,
» patriarche de Jérusalem, et autres évesques de
» Palestine étant venus à Constantinople, elle dit
» à ce patriarche qu'elle avoit apprins que le corps
» de la très-sainte Vierge avoit esté inhumé en
» Gethsémani près de Jérusalem, qu'elle vouloit
» qu'il fût apporté à Constantinople pour en être
» la garde et la tutèle. Juvénal lui aiant remontré
» qu'il se trouvoit par les histoires anciennes que
» le sépulcre de cette Mère de Dieu aiant été
» ouvert, on n'y avoit point trouvé son corps,
» qu'on croit avoir été transporté dans la gloire,
» et qu'il n'y avoit dedans que ses vêtements qui
» y étoient demeurés avec le drap ou linceul
» dans lequel elle avoit été ensevelie; lesquelles
» choses elle commanda lui être apportées et les
» fit honorablement poser dans cette nouvelle
» église (1). » Nicéphore parle comme saint
Germain : « Le sacré temple de la Mère de Dieu
» appelé Blachernes fut édifié par cette bonne
» dame Pulchérie; elle y fit garder avec grande

---

(1) Saint Germain cité par Souchet, *Histoire de Chartres*, Liv. III, chap. 14.

» révérence le suaire et les linges des funérailles
» de la Mère de Verbe divin (1) » Une fête fut instituée pour conserver le souvenir de cette translation ; elle se célébrait le 26 janvier (2).

Plus tard on apporta encore à Constantinople une tunique de Marie *trouvée à Jérusalem chez une religieuse vierge.* (3)

Enfin l'an 473 vit encore arriver à Constantinople un vêtement de la sainte Vierge. Nous demandons au pieux lecteur la permission de lui mettre sous les yeux le chapitre où Nicéphore raconte *comment le vénérable vestement de la très-saincte Mère de Dieu fut apporté de Jérusalem et remis en l'église ronde bastie par l'empereur Léon.*

« Sous l'empire de Léon, la robe vénérable de
» la saincte et immaculée Vierge fut apportée à
» Constantinople en telle manière : C'est que la
» saincte Mère de Dieu allant de vie à trespas, la
» délaissa à une femme non mariée, on qui pour
» lors étoit vefve, de la nation des Juifs, et de-
» meura entière et sans corruption jusques à ce
» temps dont nous parlons, et fit beaucoup de

---

(1) *Histoire ecclésiastique*; liv. XIV, chapitre 2, page 625.

(2) *Poëme des Miracles de Notre-Dame de Chartres*, page iij.

(3) *Histoire de Chartres*, par Souchet ; liv. III, chap. 1 i.

» miracles. Mais ainsi que Candide et Galbe, frères
» germains, prouvus de la dignité des Patrices,
» estoyent en pélerinage à Jérusalem, y visitoyent
» diligemment tous les saincts lieux, et les bai-
» soyent en grande révérence, mesme par les pays
» de Galilée, ils y trouvèrent ce thrésor contre-
» gàrdé soingneusement chez une Juifve, et advisè-
» rent aux moyens de l'en transporter. Ce qu'ils
» firent; car ayant visité toutes les singularités
» de la ville de Jerusalem, salué et fait leur dévo-
» tion à chaque lieu sainct, voulant partir de la
» Palestine, ils firent tailler une châsse ou quesse
» de mesme longueur et largeur que celle où
» estoit ressérée cette divine robe de la Mère de
» Dieu, et par quelque ruse et finesse la mirent
» toute vuide en son lieu, estant couverte et
» accoustrée du parement accoutumé et prindrent
» l'autre avec la saincte robe, de laquelle estant
» chargez retournèrent diligemment à Constanti-
» nople avec délibération de poser et cacher ce
» précieux thrésor ès faulxbourgs, en un temple
» nommé Blachernes. Mais certainement ils entre-
» prindrent chose qu'ils ne pouvoyent exécuter;
» car mesme ils furent contraints outre leur gré et
» volonté, de la porter à l'empereur. Pour laquelle
» il fut tant joyeux que l'on pourroit croire, et
» la fit colloquer avec grande révérence en la cha-
» pelle ronde qu'il fit bastir, en laquelle elle est à

» présent gardée entière, comme quelque rem-
» part perpétuel et fort inexpugnable pour la tui-
» tion de la ville, et donne guérison à maladies
» diverses, et par les miracles qui s'y font, sur-
» monte nature et la force du temps. Ainsi Pul-
» chérie, notable dame et princesse, fit bastir le
» grand temple de Blachernes en l'honneur de la
» Mère de Dieu, auquel elle fit poser les bande-
» lettes et linges de la sépulture ; et Léon-le-grand
» en fit construire un autre auquel il consacra
» et dédia honorablement la robe de la même
» Vierge (1). » — Cette robe de la sainte Vierge
se trouvait encore à Constantinople, lorsque
Nicéphore écrivait son *Histoire ecclésiastique*, l'an
1333. Elle ne fut donc pas donnée à Charlemagne,
comme l'avancent niaisement Rouillard et Sablon.

Ainsi dès la fin du Ve siècle, une partie des
saints vêtements de Marie se trouvèrent trans-
portés à Constantinople, *la ville des Reliques*,

---

(1) *Histoire ecclésiastique*, 1586; liv. XV, chapitre 24, page 707. — Nous avons changé quelques mots à la traduction, pour la rendre conforme à l'original grec, et pour éviter les contradictions que les traducteurs font commettre au savant historien grec. — Métaphraste, écrivain du Xe siècle, raconte le même fait; il dit en outre que la femme juive qui possédait la robe de la sainte Vierge, descendait des deux veuves à qui la Mère de Dieu avait légué ses vêtements après sa mort (apud Surium, 15 aug.)

comme l'appellent des chroniqueurs du moyen âge, et qui elle-même s'estimait la première ville de l'univers à cause des reliques insignes qu'elle avait rassemblées dans ses riches sanctuaires. Les autres vêtements restèrent dans la Palestine. Nous verrons dans le paragraphe suivant comment quelques-uns de ces précieux gages vinrent en Occident.

§ 3. *Des vêtements de la sainte Vierge en Occident.*

Le Voile de Marie que sainte Hélène avait eu le bonheur de rencontrer en Palestine, ne demeura pas longtemps à Constantinople; une partie fut déposée dans l'église de Sainte-Croix à Rome; l'autre fut donnée par l'impératrice à l'église de Trèves, sa patrie, en même temps qu'une autre relique plus précieuse encore, la sainte Robe de Notre-seigneur Jésus-Christ, tissée par les mains de sa sainte Mère. Le Voile et la Robe font encore aujourd'hui la gloire de l'église de Trèves. (1).

Tous les chroniqueurs de moyen âge sont d'accord pour admettre que vers l'an 792, l'empereur Constantin Porphyrogénète donna à Charlemagne

---

(1) Brower, *Annales Trévir.* ad. ann. 327; — Hontheim, *Histor. Trev.*, tom. I; — *Histoire de la robe de J.-C.*, par M. Marx, professeur au séminaire de Trèves; Metz, 1844. — *Triple couronne de la sainte Vierge*, traité IV, chap. VIII, page. 4.

plusieurs saintes reliques, parmi lesquelles se trouvait un vêtement de la très-sainte Vierge. Charlemagne les reçut avec bonheur et les déposa dans l'église qu'il venait de faire construire à Aix-la-Chapelle. Cette double donation est représentée sur le vitrail de St-Charlemagne, dans la cathédrale de Chartres. Les reliques se voient encore aujourd'hui à Aix-la-Chapelle, et la Robe de la sainte Vierge est conservée dans une châsse qui est un des plus magnifiques monuments d'ancienne orfèvrerie que le génie de la destruction et celui de la mode aient épargnés en Europe (1). Cette châsse se montre avec beaucoup de solennité tous les sept ans, et y attire deux ou trois cent mille pèlerins de toutes les parties de l'Allemagne. Le saint vêtement d'Aix-la-Chapelle est une tunique blanche, en coton, longue de cinq pieds et demi (2). Le saint vêtement reçu par Charlemagne n'est donc pas à Chartres, comme l'ont écrit la plupart des historiens de notre cathédrale.

Un troisième vêtement de Marie fut apporté de Constantinople en France, à la prière de Charles-le-Chauve : *Camisiam B. Mariæ*, dit Vincent de

---

(1) *Mélanges d'archéologie*, par les R. P. Cahier et Martin, 1850; tome 1, page 1 et suivantes.

(2) *Cosmographie*, par Belleforest, in-fol., tome II, page 218.

Beauvais, *Karolus calvus à Constantinopoli advehi fecerat* (1). Le saint vêtement était enveloppé d'un voile de gaze orné de broderies en soie et en or; ce voile, qui existe encore, a peut-être appartenu à l'impératrice Irène ou à une autre princesse grecque.

D'autres vêtements de la sainte Vierge furent portés à Rome à une époque que l'histoire ne dit pas. Voici la mention que M. le baron de Bussières consacre à ces reliques : « Dans la chapelle du
» chœur de la Confession de Saint-Pierre, on con-
» serve une partie du voile de la sainte Vierge. —
» Les magnifiques reliquaires conservés dans la
» chapelle de Saint-Nicolas contiennent une par-
» tie du voile et du vêtement de la sainte Vierge. —
» Dans l'autel de s^te Marie-Magdeleine, à la basili-
» que de Latran, il y a une partie des vêtements
» de la sainte Vierge (2). »

La cathédrale d'Arras possédait naguères *un voile de couleur blanche et une ceinture qui avaient*

---

(1) *Miroir historial*, liv. XXIV, cap. 96. — La Chronique de saint Martin de Tours fait apporter la sainte relique par Charles-le-Chauve, lors de son prétendu voyage à Constantinople : *Quam (camisam) Carolus Calvus detulit a Bizantio*. (Historiens de France, tome VIII, p. 316.)

(2) *Les sept Basiliques de Rome*, par M. le baron de Bussières, tome I, p. 318, 319 et 420.

appartenu à la très-sainte Vierge. Le pape Calixte III accorda des indulgences à ceux qui visitent ces saintes reliques (1).

La Sainte-Chapelle de Paris faisait jadis trophée d'avoir une grande partie d'une robe de la sainte Vierge.

L'église de Tongres (Limbourg), en Belgique, se glorifie encore de posséder un voile de la sainte Vierge; ce voile est un tissu de laine et de soie (2).

L'Angleterre a possédé également des reliques de Marie. Une charte de l'an 1066, émanée du roi saint Edouard, nous apprend que ce saint monarque, après avoir rebâti l'église de Westminster, y déposa une grande quantité de reliques, qu'il tenait de ses ancêtres, lesquels les avaient obtenues des papes Léon IV et Martin II, et du roi Charles-le-Chauve. Ces reliques était deux parcelles de la vraie Croix, une partie d'un clou, un morceau de la tunique du Seigneur, des *vêtements* de la très-sainte Vierge (3). L'église d'Oviédo en Espagne possède aussi une portion de la robe de la sainte Vierge (4).

(1) *Poëme des miracles de Notre-Dame de Chartres*, page xv.

(2) *Histoire de Tongres*, page 25.

(3) *La sainte tunique de N.-S.-J.-C. à Argenteuil*, par M. Guérin, page 145.

(4) *Triple couronne*, t. IV, ch. 8.

Enfin l'on trouve, ou l'on trouvait jadis, des fragments plus ou moins considérables des vêtements de la Mère de Dieu dans les églises d'Assise, de Forli, de Malte, de Limoges, de Lille, de Douai, de Saint-Denis, de Vivier-en-Brie, de Soissons, de Nanci, de Saint-Omer, de Bruges, de Marly-lez-Valenciennes, etc.

Toutes ces saintes reliques furent apportées de de Constantinople et de la Palestine durant les Croisades. « Une quantité innombrable de reli-
» ques passa dans l'occident, après la prise de
» Constantinople par les Croisés, prise à laquelle
» le désir d'en posséder contribua avec plusieurs
» autres causes. Les princes et les grands entre-
» prenaient des voyages en Palestine, dans l'es-
» poir de revenir chargés de précieuses reliques.
» Les évêques croisés s'en procuraient avant de
» retourner dans leurs diocèses et en donnaient à
» leur propre église, à leurs amis, à des couvents
» qui leur avoient offert l'hospitalité pendant leur
» voyage. Il y eut des abbayes qui firent partir
» exprès des députés pour Constantinople (1).

§ 4. *Du vêtement de la sainte Vierge à Chartres.*

Il est certain que Charles-le-Chauve a donné à l'église de Notre-Dame de Chartres le saint vête-

---

(1) *Tableau des institutions de l'Église au moyen âge,* par Hurter, tome III, p. 336 et 338.

ment qu'il avait fait venir de Constantinople. Cette donation est un fait historique sur lequel il n'est pas permis d'élever le moindre doute. Le *Poème des miracles* est exprès sur ce point : *Précieus don en fit et noble à Chartres un grant roi de France ; Challes-le-Chauf eut nom d'enfance. Ce roi à Chartres la dona* (1). Toutes les chroniques en font mention, comme on peut le voir dans les *Historiens de France* de D. Bouquet (2) ; toutefois aucun chroniqueur n'assigne la date précise de cette donation ; mais il est très-probable qu'elle eut lieu lors du pèlerinage que Charles-le-Chauve fit à Chartres, aux kalendes d'août 867 (3). Si nous n'avons plus les titres de cette donation, c'est parce qu'ils ont été brûlés par le vaste incendie de 1020. Le pieux empereur en donnant ce saint vêtement à notre

---

(1) *Poème des miracles de Notre-Dame*, p. 180.

(2) Tome VIII. *Chroni. Hugon. Floriac*, p. 322. — *Chron. breve s. Martini Turon*, p. 516. — *Chron. Virdun*, p. 287. — *Hist. Dudonis et Wlmi gemet.*, p. 256. — *Cartulaire de saint Père, Lib. Agan.*, tome I, p. 46 et 47, etc, etc. Cf Fleury, Berault, Rohrbacher, etc.

(3) *Historiens de France : Annal. Bertin.* Tome VII. p. 97. — Nous nous sommes trompé dans notre *Description de la cathédrale de Chartres*, lorsque nous avons dit que cette précieuse relique fut donnée en 876. Charles-le-Chauve était alors occupé à faire la guerre en Italie, après avoir été couronné à Rome.

ville voulait sans doute récompenser les Chartrains qui, en 854, avaient vu leur ville renversée jusqu'au sol par le fer et la flamme, et qui s'étaient empressés de la relever pour arrêter de nouveau les Normands. « Il y eut, dit Rouillard, au don de « ce joyau beaucoup de la providence et du bien- « faict de Dieu, en ce que cette saincte Chemise « fut baillée pour tutèle à la ville, au temps qu'el- « le en eut besoing extrême contre les ennemis « qui vindrent l'assiéger (1). »

Nous avons vu tout-à-l'heure quelles étaient les différentes sortes de vêtements que la très-sainte Vierge portait, comme toutes les femmes juives de son temps. Il est naturel de rechercher maintenant quelle est la nature du saint vêtement de Chartres : est-ce une tunique, une robe, un manteau ? Si nous consultons tous les anciens chroniqueurs, tous les historiens de Chartres, tous les actes du chapitre, nous trouverons qu'il y a unanimité pour appeler ce vêtement, *tunique, sainte chemise, tunica, sancta camisa.* Un seul écrivain du moyen âge le nomme *supparum,* mante ou grand voile ; c'est Guillaume de Jumiège (2). Mais si, armé de la critique et de l'archéologie biblique, nous examinons le vêtement en lui-même, nous

(1) *Parthénie,* 11e partie, fol. 24.
(2) *Historiens de France,* tome VIII, p. 256.

serons obligés de dire que, sauf Guillaume de Jumiége, tout le monde s'est trompé sur sa nature, comme le reconnaît Mgr. de Lubersac, dans le procès-verbal dressé par ses ordres le 8 mars 1820 : « Ce n'était pas ce que l'on nomme une chemise,
» comme on l'avait cru constamment ; mais un
» vêtement ayant appartenu à la plus pure de
» toutes les créatures, et servi habituellement à
» lui couvrir la tête, et investir en même temps
» toute sa personne sacrée, etc. » En effet, quand avant 1793, le vêtement de Chartres était entier, il se composait d'un grand morceau d'étoffe oblong, sans couture ni coupe, d'environ trois mètres de longueur et large de deux mètres. Or ce n'est pas là la forme de la tunique ni de la robe hébraïques ; c'est la forme du *manteau*, du *scimlâ*, du *supparum*, comme nous l'avons dit au premier paragraphe de ce chapitre. Une erreur aussi générale sur la nature du saint Vêtement de Chartres, ne peut s'expliquer que par une seule cause : c'est que jusqu'à ces derniers temps, on n'aura pas osé la déployer pour l'examiner, et cela à cause du respect profond qu'on lui portait.

Une autre question se présente : La critique et l'archéologie permettent-elles de croire que le vénérable Vêtement de Chartres a pu appartenir à la sainte Mère de Dieu et des hommes ? Quant à l'archéologie, elle ne peut rien objecter à la pieuse tradition chartraine; car il y avait alors des tissus semblables à celui de Chartres, et ces tissus se faisaient surtout en Syrie et en Palestine.

Mais la critique peut faire remarquer que ce vêtement est un tissu de soie; or la soie était fort rare chez les Hébreux. Saint Jean, dans l'Apocalypse, la range parmi les étoffes les plus précieuses. Ce qui prouve, dit Pareau, que dans les derniers temps de leur république, les Hébreux en faisaient le plus grand cas (1). Mais si les étoffes de soie étaient si précieuses et si rares à cette époque, pouvons-nous croire que l'humble Vierge de Nazareth en ait porté, elle qui a vécu et voulu vivre dans la plus grande pauvreté? Non, cela n'est pas admissible. Aussi n'hésiterions-nous pas un seul instant à déclarer que l'étoffe de Chartres n'est pas à nos yeux une relique de la sainte Vierge, si nous ne savions qu'une étoffe de soie a pu être employée pour ensevelir la Mère de Dieu. En effet les Juifs ensevelissaient les morts avec les plus riches étoffes, avec leurs habits les plus précieux. Or nous ne pouvons douter que les fidèles de Jérusalem, parmi lesquels on comptait un grand nombre de personnes riches, n'aient voulu ensevelir la Mère de leur divin Maître avec des vêtements de soie. C'est

(1) *Antiquités hébraïques*, tome I, p. 285.

une conjecture qui paraîtra une certitude pour quiconque réfléchira à la profonde et religieuse vénération que durent avoir les apôtres et les premiers chrétiens pour la dépouille mortelle de Marie. Il est même probable que ce vêtement était un manteau ou *scimlâ* appartenant à une riche chrétienne de Jérusalem, peut-être à sainte Marie-Madeleine, qui portait à la sainte Mère de Jésus un si tendre et si généreux amour.

Nous avons vu, au premier paragraphe de ce chapitre, que les vêtements funèbres de Marie ont été, vers l'an 450, portés à Constantinople par Juvénal, patriarche de Jérusalem. D'un autre côté, nous savons que Charles-le-Chauve a fait venir de Constantinople la sainte relique tutèle de Chartres. Ces deux circonstances ne nous permettent-elles pas de penser qu'elle est un des vêtements qui ont servi à ensevelir la Mère de Dieu?

Certes, nous avouons volontiers que tout ce que nous venons de dire, ne prouve pas péremptoirement que le vénérable vêtement de Chartres soit une relique de la très-sainte Vierge. Malheureusement les divers incendies de la cathédrale ont détruit tous les monuments qui pouvaient nous servir de preuves historiques. Néanmoins il nous semble que nous pouvons conclure sans témérité que la tradition chartraine repose sur d'assez respectables fondements, qu'elle a pour elle toutes les vraisemblances.

Le paragraphe suivant fournira d'autres preuves morales en faveur de la relique de Chartres ; nous voulons parler des miracles éclatants qui s'opérèrent par elle, et des pieux hommages qu'elle reçut de la part des Rois, des Pontifes, des Princes, des grands, des hommes distingués par leurs vertus et leurs talents, comme de la part des simples habitants des champs.

Après cela n'aurons-nous pas le droit de nous écrier, avec le savant et pieux auteur de l'*Histoire de Notre-Dame de Lorette :* « Quand un fait, quelque extraordinaire qu'il puisse être, se trouve appuyé sur des monuments publics, sur des témoignages respectables, sur un consentement unanime, sur une suite non interrompue de miracles, il me paraît, je ne dis pas difficile, mais absolument impossible de le nier sans manquer à toutes les règles de la raison et du bon sens. (1) »

§ 5 *Histoire du saint Vêtement de Chartres.*

Nous passerons ici succinctement en revue tous les faits historiques où la précieuse relique est intervenue.

Il y avait déjà quarante ans que sa présence

---

(1) *Histoire critique et religieuse de Notre-Dame de Lorette*, par l'abbé Caillau. Paris, chez Vaton, 1843, page 330.

réjouissait les Chartrains, et qu'elle recevait leurs hommages quotidiens, quand elle se montra vraiment la tutèle de la ville, *Tutela Carnotensis*. Voici le fait tel qu'il est raconté par Paul, moine de l'abbaye de Saint-Père, lequel écrivait un siècle après l'évènement :

» Je ferai ici le récit du siége de Chartres qui
» eut lieu sous l'épiscopat de Gantelme (en l'an
» 911); je le ferai tant à cause de la nouveauté
» du temps, qu'à cause du miracle qu'en cette
» occurrence le Seigneur Jésus a daigné opérer
» par l'intervention de sa Mère, la bienheureuse
» Vierge Marie. Car les païens venus d'au-delà les
» mers, sous la conduite de leur chef Rollon,
» ayant débarqué en Neustrie, s'emparèrent de
» la plus grande partie de la province; déjà ils
» avoient pris sept villes, lorsque poussés par l'a-
» mour du butin, ils descendirent la Seine, et vin-
» rent assiéger Paris; mais bientôt ils levèrent le
» siége, et, revenant sur leurs pas, ils remontè-
» rent la Seine jusqu'à Inguialdi; là ils amarrè-
» rent leurs vaisseaux, et d'un pas rapide ils ac-
» coururent devant Chartres pour l'assiéger. Mais
» l'évêque Gantelme, ayant appris par révélation
» les dangers qui menaçoient sa ville épiscopale,
» fit demander des secours au comte de Poitiers,
» au duc de Bourgogne, et à deux puissants com-
» tes de France, lesquels au jour indiqué par le

» prélat arrivèrent avec une nombreuse armée
» pour secourir un peuple chrétien. Cependant
» les païens, confiant dans leur courage et dans
» leurs armes, pressoient la ville, et se hâtoient de
» s'en emparer. Mais le pontife, dès l'aube du
» jour auquel les secours devoient lui arriver, or-
» donna à tous les habitants de prendre leurs ar-
» mes et de se rendre aux portes. Lui-même, pre-
» nant la Tunique intérieure de la Mère de Dieu,
» il se plaça sur la Porte-Neuve et l'exposa aux re-
» gards des païens. En même temps il fait ouvrir
» les portes, et commande aux chrétiens de cou-
» rir à l'ennemi. Alors les chrétiens pleins de con-
» fiance dans le Dieu tout-puissant se battent avec
» un courage indomptable; tandis que les païens
» abandonnés de Dieu se trouvent sans force pour
» soutenir le combat. D'un côté ils sont assaillis
» par les Chartrains; de l'autre ils sont pris à dos
» par l'armée de secours. On en fit un si grand
» carnage, que les monceaux de cadavres arrêtè-
» rent le cours de la rivière, et tous ils auroient
» péri en ce jour par le glaive vengeur, si les der-
» niers, craignant une mort certaine, n'avoient re-
» culé. A l'entrée de la nuit ils gagnèrent la mon-
» tagne de Lèves, et ils y firent à la hâte des re-
» tranchements avec des peaux d'animaux. Les
» chrétiens les poursuivirent, cernant la monta-
» gne pour attaquer les fuyards le lendemain ma-

» tin. Ce que voyant les païens, ils en furent épou-
» vantés ; ils se demandèrent comment ils pour-
» roient se tirer de ce péril extrême ; ils s'arrêtè-
» rent à un stratagème qui leur réussit ; ils choi-
» sirent trois de leurs plus vaillants guerriers qui
» sortirent du camp en secret, et allèrent au loin
» sonner de la trompette. A ce bruit les chrétiens
» craignirent que des troupes fraîches ne vinssent
» au secours des païens ; ils se groupèrent en une
» seule masse pour être prêts à tout évènement.
» Et les païens voyant des issues libres sortirent du
» camp peu à peu et en silence, abandonnant tous
» leurs bagages ; ils retournèrent promptement à
» leurs vaisseaux, d'où ils rentrèrent chez eux,
» sans oublier leur confusion et leurs pertes ; ce
» qui fait qu'ils ne revinrent plus vers la ville de
» Chartres (1). » Cette défaite fut regardée comme
un miracle. C'en était un, en effet, de voir ainsi
fuir Rollon, jusqu'alors la terreur des Français ;
sur quoi un auteur de ce siècle lui adresse ces paroles : « Prince belliqueux ne rougis pas de ta dé-
» faite ; ce ne sont ni les Français ni les Bour-
» guignons qui te mettent en fuite, c'est la Tuni-
» que de la Mère de Dieu. »

Le Poème des Miracles raconte le même fait ;
mais il y ajoute des circonstances plus miraculeu-

---

(1) *Cartulaire de Saint-Père*, Lib. Agan, tome I, p. 46 et 47.

ses : « Les Chartrains, dit-il, mirent flotter en
» guise d'enseigne la sainte Chemise sur les cre-
» neaux des murs de la ville. Quand les ennemis
» l'aperçurent, ils en firent le sujet de mille plai-
» santeries ; ils se mirent à siffler et à rire ; ils lan-
» cèrent contre elle leurs javelots et leurs flèches.
» Mais Dieu qui vit leur impiété, en tira vengeance :
» il les frappa de cécité, en sorte que ne voyant
» plus, ils ne pouvoient ni reculer ni avancer. »

    Li Chartains la chemise pristrent
    Sur les murs au quarneaus la mistrent
    En leu d'enseigne et de bennière :
    Quant la virent la gent aversière
    Si la pristrent moult a desprire
    Et entrelx a chufler et rire,
    Quarreaus i trestrent et saètes
    Et dars turquois et d'arbalètes ;
    Mes Dex qui vit lor mescréance
    I mostra devine venchance,
    Si les avougla quil perdirent
    Le veue que il point ne virent,
    Si qu'il ne porent reculer
    Ne ne porent avant aler (1).

C'est ainsi que le saint vêtement de la Mère de Dieu délivra Chartres de la fureur des Normands :

(1) *Poème des Miracles de Notre-Dame de Chartres*, p. 181. — Tous les chroniqueurs du moyen-âge ont raconté la délivrance miraculeuse de Chartres, en juin 911. Cf. Histoire de l'Église, par M. Rohrbacher, tome XII, p. 519 : — et Fleury etc. Ce siège est représenté dans le premier médaillon inférieure de la clôture du chœur, près de la sortie méridionale.

la ville fut mieux défendue par les prières de Marie que par ses hautes murailles de pierre. On conçoit que dès lors les habitants entourèrent plus que jamais de leur vénération la bienfaisante relique; ils voulurent qu'elle fût placée dans un coffret d'or pur. Un habile orfèvre en fut chargé de l'œuvre; c'était Teudon, qui, d'après un nécrologe de l'abbaye de St-Père, mourut le 18 des kalendes de janvier en 994. Il paraît que la châsse, ouvrage de Teudon, était un admirable chef-d'œuvre; elle a été détruite en 1793. Voici la description qu'en donne l'inventaire de 1682 : « La sainte châsse
» (longueur 25 pouces, largeur 10 pouces, hau-
» teur 21 pouces), posée sur un brancard de ver-
» meil doré, semé de fleurs de lis en bosse. Cette
» sainte Châsse pesée avec son brancart fut trou-
» vée de 93 livres juste. — Cette châsse est faicte
» de bois de cèdre, couverte de grandes plaques
» d'or (il y a environ 60 marcs d'or et 10 d'ar-
» gent), et enrichie d'une infinité de perles, dia-
» mants, rubis, émeraudes, saphirs, jacinthes,
» agates, turquoises, opales, topazes, onix, crhy-
» solithes, améthystes, grenats, girasols, sardoi-
» nes, astriots, cassidoines, calcédoines, hélio-
» tropes, et autres joyaux et présents (1). » Ceste

---

(1) *Inventaire des reliques et joyaux de l'église de Chartres*, de 1686, publié dans la *Notice historique sur saint Piat*, de M. Hérisson, pages 41 et 42.

pièce, dirai-je avec un pieux écrivain, représente nostre grande Reine, comme jadis l'Arche d'alliance estoit la figure du grand Dieu des armées (1). »

En 998 une dame illustre voulut donner un gage de sa généreuse dévotion envers la sainte relique : « Un mémoire qui est au trésor des chartres,
» porte que l'an neuf cent nonante-huict, Rotelin-
» de, mère d'Odon, qui lors estoit évesque de
» Chartres, donna pour attacher à la dicte Châsse,
» quatre aigles d'or, que l'on tient avoir été façon-
» nés de la main de saint Eloy mesme, lorsqu'il se
» mesloit d'orfavrerie (2).

Le roi Robert, père de l'architecture religieuse, qui se montra le généreux bienfaiteur de la cathédrale de Fulbert, voulut encore donner un témoignage direct de son respect et de sa spéciale dévotion envers le Vêtement de la Mère de Dieu; il offrit pour orner la sainte Châsse un gros saphir en cabochon enchassé dans un cercle plat de vermeil (3).

Voici venir un grand personnage qui apporte le tribut de ses hommages au vénérable Vêtement

(1) *La cour saincte de la glorieuse Vierge Marie à Valentiennes*, par le P. Pierre d'Oultreman, de la Compagnie de Jésus; 1653, épistre dédicatoire, page 4.

(2) *Parthénie*, 1re partie, fol. 197.

(3) *Inventaire de* 1682, p. 43.

de Chartres ; nous voulons parler de S‍t-Gilduin. Fils de Rudalenus, seigneur de Dol, et neveu du baron du Puiset, il avait été élu par le clergé et le peuple de Dôle pour être leur évêque. Il ne voulut jamais y consentir ; il se rendit même à Rome pour faire agréer son refus par le pape saint Grégoire VII. A son retour il voulut visiter en pèlerin le sanctuaire de Notre-Dame de Chartres : il y passa les jours et les nuits, devant la sainte Châsse, dans une continuelle et fervente prière. C'est là qu'il tomba gravement malade ; il aurait voulu rendre le dernier soupir sous le précieux Vêtement ; mais on le transporta à l'abbaye de Saint-Père, où il mourut trois jours après, le 27 janvier 1077.

Quarante ans après la mort de saint Gilduin, la précieuse relique se montre une seconde fois la tutèle et l'inexpugnable rempart de Chartres. Voici comment Rouillard raconte le fait arrivé l'an 1118 : « Comme Louis-le-Gros, lors régnant, eust
» résolu de ruiner du tout ladite ville, en haine
» du comte d'icelle nommé Thibaut IV, non-seu-
» lement pour l'outrecuidance à laquelle il estoit
» parvenu d'avoir osé appeler ledit Roi en duel,
» par un sien gentilhomme nommé André de
» Bordereuse ; ains aussi pour avoir dit et proféré
» contre l'honneur d'icelui plusieurs choses in-
» dignes.

« Geoffroi de Lèves, lors évesques du lieu, dû-

» ment adverti de l'ire et menaces dudict prince,
» fit assembler son clergé, avec le reste du peu-
» ple, et furent tous au-devant d'icelui en pro-
» cession solennelle à laquelle fut portée la Châsse
» de la saincte Chemise. Lors ledit Roi, comme si
» la Vierge lui eust faict signe de la main :
» *Appaise-toi, et n'offense mon peuple ;* de colère
» qu'il estoit, devenant plus doux que la man-
» suétude mesme, se mit humblement à genoux,
» comme autresfois un grand roi devant le Pontife
» de Judée ; et au lieu de poursuivre la vengeance
» à laquelle il s'estoit résolu, fit retirer toute son
» armée, défendit de ne meffaire à aucun habi-
» tant ; lui, entra volontiers dans la ville, et fit
» paroistre que la Vierge lui avoit donné si vive
» atteinte au cœur, que ne se contentant des
» grâces ordinaires, que ladicte ville eust pu
» recevoir de lui, il en voulut adjouster de nou-
» velles et extraordinaires ; de faict il donna pri-
» vilége au Chapitre de l'Église de pouvoir affran-
» chir ses esclaves : recours à ses patentes gardées
» au thrésor dudict lieu (1). » C'est ainsi qu'un
prince illustre, guerrier infatigable, se laissa

---

(1) *Parthénie*, 1ʳᵉ partie, fol. 194. — L'illustre Suger, premier ministre du roi, et témoin oculaire du fait, le raconte dans sa *Vie de Louis-le-Gros* ; — Cf. Souchet, Pintard, Doyen, Chevard, Ozerai, et les autres historiens de l'église et de la ville de Chartres.

désarmer par l'amour et le respect dus à la sainte relique, tutèle de Chartres.

Parmi les dévots bienfaiteurs de la sainte châsse, nous devons maintenant compter un évêque de Chartres, Robert-le-Breton, qui mourut le 9 des kalendes d'octobre 1164 : il donna beaucoup de pierres précieuses avec son anneau pastoral pour servir d'ornement à la Châsse (1).

Il ne nous reste aucun récit détaillé de l'incendie de 1020, sous l'épiscopat de Fulbert : rien n'est venu nous apprendre comment la précieuse relique put alors échapper aux flammes dévorantes. Mais nous savons positivement ce qu'il en advint lors du terrible incendie de 1194. Le *Poème des miracles de Notre-Dame de Chartres* nous en donne un ample récit, qui montre combien était vive et touchante la piété des Chartrains envers le saint Vêtement. Voici la traduction de ce récit :

« La douce Dame sauva du feu la précieuse
» relique; sa sainte Chemise contenue dans la
» châsse fut portée dans la grotte, située sous
» le maître autel.... Par ce feu, bourgeois et
» clercs perdirent leurs meubles et leurs maisons,
» leur avoir et leurs richesses; ils en gémissaient
» profondément. Mais cette douleur n'était rien
» en comparaison de celle qu'ils éprouvaient à la

---

(1) *Parthénie*, 2ᵐᵉ partie, fol. 37.

» vue de la cathédrale qui n'offrait plus qu'un
» monceau de ruines; alors ils oublièrent leurs
» dommages pour ne songer qu'au dommage de
» leur église. Et leur douleur ne connut plus de
» bornes, quand ils ne virent plus la sainte Châsse;
» hors d'eux-mêmes, ils couraient ça et là tout
» éperdus.... Clercs et laïques se disaient : Ah
» Dieu ! ce malheur nous est arrivé à cause de
» nos péchés; c'est par nos méfaits que cette reli-
» que est perdue. Elle était la gloire et l'honneur
» de notre ville; elle était la lumière et le miroir
» de Chartres et de tout le pays. Comment pour-
» rons-nous survivre à un si grand malheur ? Oui,
» si nous étions bien avisés, nous nous expatrie-
» rions, nous quitterions notre ville; puisque
» nous avons perdu le glorieux trésor dont la
» joyeuse présence illustrait et protégeait notre
» patrie. A quoi servira-t-il maintenant de réédi-
» fier le cloître et l'église ? Sans la sainte Châsse
» notre ville ne saurait plus nous plaire. Non, il
» n'y a plus de motifs pour rebâtir nos demeures;
» il vaut mieux que nous abandonnions la cité
» malheureuse qui vient de perdre sa noblesse,
» son honneur, sa puissance. — Telles étaient
» les plaintes des pieux Chartrains. Mais Dieu leur
» vint en aide; le cardinal Mélior, qui se trouvait
» à Chartres, fit réunir tout le peuple en la place
» où avait été l'église; quand l'assemblée fut com-

» plète, la sainte Châsse fut apportée de la grotte;
» l'évêque et le doyen du Chapitre la portaient sur
» leurs épaules avec grande dévotion. A cette vue
» tout le peuple poussa des cris de joie et d'allé-
» gresse. Tous se jetèrent à genoux en répandant
» de douces larmes ; tous rendirent grâces à Dieu
» et à la glorieuse Reine qui avait sauvé l'honneur
» et la gloire de leur cité. Après ces élans donnés
» à la joie et à l'action de grâces, clercs et bour-
» geois demandèrent qu'on construisît une riche
» et noble église, et à cette fin ils donnèrent
» abondamment, jusqu'à leurs rentes et leurs
» meubles, chacun selon sa fortune.

> Lors pristrent tretuit à promestre
> Dou leur agent donner et mestre
> En feire riche église et noble,
> Clers et borjois et rente et mueble
> Abondonèrent en aie,
> Chascun selon la menantie (1).

Mais la protection de Marie ne s'arrêta pas à une simple préservation de son vêtement; il y eut des circonstances miraculeuses qui font dire au trouvère du 13e siècle : « Voici un miracle qui sur-
» passe tous les autres, et qui arriva quand la
» sainte Châsse fut descendue dans la crypte, au
» moment où la cathédrale étoit déjà tout en feu.

(1) *Poème des miracles*, 3e miracle, p. 27.

» Ceux qui s'étoient dévoués pour sauver la reli-
» que, ne pouvant revenir sur leur pas, se hâtè-
» rent de descendre dans la crypte, en fermant
» sur eux la porte de fer. Ils demeurèrent là deux
» ou trois jours sans boire ni manger. Mais la
» très-sainte Vierge les réconfortoit invisiblement.
» Cependant tout le monde croyoit que ces hom-
» mes de courage et de piété étoient morts,
» comme des martyrs, dans les tourments de la
» faim ou des flammes :

> Si cuidoit len certenement
> Que ils fussent mort à torment
> Et à martire et douleur,
> Ou de fumée ou de chaleur,
> Ou d'estre trop aval tenus.

« Mais tout le monde se trompoit, car la sainte
» Dame de Chartres et son divin Fils les gardèrent
» de tout péril. La porte de fer qui les protégeoit,
» tint bon contre tout ; des solives enflammées,
» des pierres, des tronçons de colonnes tombèrent
» sur la porte, qui n'en éprouva aucun dommage ;
» le plomb en fusion qui découloit de la toiture,
» ne pénétra pas à travers les fissures ; les ser-
» rures, les gonds et les verroux restèrent in-
» tacts,

> Car tout est en la garde à celle
> Qui tous pécheurs sauve et garde.

« Quand le feu fut éteint, ces courageux enfants

» de Notre-Dame sortirent de la crypte, au mer-
» veilleux ébahissement de tous leurs concitoyens,
» qui les croyoient morts sous les débris fumants
» de la cathédrale. Tout le monde les embrassa
» en pleurant, et en remerciant Dieu et sa sainte
» Mère de les avoir préservés de tout mal par un
» miracle si évident.

>   Chacun de pitié en lermoie,
>   Nus ne se tenist de plorer,
>   Dieux et Nostre Dame aorer
>   En pristrent et à gracier
>   Et dou miracle à mercier (1).

La filiale dévotion des Chartrains envers la sainte châsse, était ingénieuse à inventer de nouvelles manières de l'honorer. Ils regardaient comme un bonheur de passer sous la châsse ; dans leur naïve et pieuse confiance, ils se croyaient dès lors sûrs de la protection de la Reine du ciel. Les annales chartraines racontent que quand le roi Philippe-Auguste vint à Chartres, en 1209, pour faire rendre justice aux chanoines outragés par les habitants, *il passa sous la châsse ;* il déposa devant elle une pièce d'étoffe de soie et un pain de cire, de la valeur de 200 livres parisis (3,200 frs. de notre monnaie actuelle). C'était alors le temps où les puissances de la terre savaient honorer le

(1) *Poème des miracles*, p. 30.

Ciel, et où les fronts les plus altiers se courbaient dans la poussière devant Celle qui ne parut ici-bas que comme l'humble servante du Seigneur. « A ce
» propos, dit Rouillard, pourrois-je alléguer plu-
» sieurs miracles faits journellement en l'église,
» en passant soubs ladicte Châsse, ceux qui
» avoient besoin du secours de la Vierge : car
» anciennement elle étoit d'ordinaire sur le mais-
» tre-autel, et y avoit toujours un chappelain
» exprès pour la garde d'icelle (1). »

Non-seulement nos pères aimaient à passer sous la sainte châsse, mais ils y faisaient toucher des chemises ou d'autres objets; et plus d'une fois, la Reine des cieux s'est plu à récompenser la naïve piété de ses dévots enfants. Je ne citerai ici que le prodige du chevalier préservé d'une mort certaine. Je ne fais que traduire en français les vers romans de Jehan le Marchant.

« En ce temps-là (vers l'an 1220), il y avait en
» Aquitaine, un chevalier qui comptait de nom-
» breux ennemis; il n'ignorait pas qu'on cher-
» chait à lui ôter la vie.

A ce chevalier vint corage,
Qu'il iroit en pèlerinage

à Notre-Dame de Chartres. Il se mit en route;

---

(1) *Parthénie*, 1re partie, fol. 196; 2e partie, fol. 118.

» arrivé à Chartres, il se rendit aussitôt à la ca-
» thédrale; il y fit sa prière et son offrande, en
» suppliant Marie de le défendre contre tout péril;

> Sous la sainte Châsse passa,
> Et fit ne sais quantes chemises,
> Qu'il avoit en ses coffres mises,
> A la sainte Châsse touchier.

« Après avoir satisfait sa dévotion, le pieux che-
» valier retourna en sa terre natale;

> Et quand il fut en son pays,
> Es chemises eut grande fiance;
> Chacun jor par accoutumance
> L'une des chemises vestoit;

» il la regardait comme une cuirasse impénétra-
» ble. La peur de ses ennemis lui faisait ainsi
» revêtir ces chemises : il se persuadait qu'aucune
» arme ne le pouvait transpercer, il ne craignait
» ni fer ni acier;

> N'avoit cure d'autre haubert,
> Sa fiance en la chemise ert (était).

« Un jour il advint que revenant de chez un
» grand personnage, il cheminait avec ses gens
» désarmés. Mais ses ennemis l'attendaient dans
» une embuscade pour le tuer; ils étaient nom-
» breux, tous revêtus de hauberts et armés d'épées
» bien tranchantes. Dès qu'ils aperçoivent le che-
» valier, ils fondent sur lui

> A grand fer, à pointe d'acier,
> Sans défier, sans menacier.

» Il est bientôt entouré de ceux qui le haïssent,
» et qui déjà se réjouissent de pouvoir enfin lui
» ôter la vie. Ils le frappent hardiment à grands
» coups d'épées, transpercent tous ses habits,

> Mais la chemise déliée
> Ne fut pas perciée n'entamée;
> Car la douce Dame ennorée
> Y avoit cette vertu mise.

« Aussi les coups d'épées et de lances ne firent
» aucun mal au chevalier; les armes s'émoussaient
» comme sur un mur d'airain. Néanmoins il reçut
» de si grands coups qu'une double cuirasse n'au-
» rait pu le sauver de la mort.

» Ses ennemis sont frappés d'un indicible éton-
» nement, en voyant qu'ils ne peuvent blesser le
» chevalier. Celui-ci en souriant leur dit : Vous
» n'êtes pas gens de bonheur; mais vous êtes fous
» et mal inspirés, si vous pensez pouvoir percer
» la cuirasse que la Reine du ciel a daigné me
» prêter. C'est à elle que j'ai eu recours, et elle
» m'a défendu;

> Car j'ai la chemise vestue
> Qui toucha à la sainte Châsse
> De Chartres.

« A ces mots, les ennemis s'arrêtent et jettent

» leurs armes à terre ; ils oublient leur haine ; ils
» saluent le chevalier avec une sorte de respect
» religieux et le supplient de vouloir bien leur par-
» donner (1). Quelle puissance avait donc l'amour
» de la sainte Vierge sur ces rudes hommes de
» guerre du moyen âge ?

Telle était la profonde vénération de nos pères pour la sainte Châsse qu'ils avaient cru ne devoir la laisser nettoyer que par un seigneur député à cet effet. C'était au seul seigneur du fief de Tachainville, vassal de l'évêque, qu'appartenait cet honneur, ainsi qu'il résulte d'un aveu rendu à l'évêque Robert de Joigny, en 1316 : « Fief de Tachainville,
» au seigneur Jehan le Drouais..... Item la vuoille
» de grans Pasques laver la sainte Châsse, et ni
» doit nul home metre la main se de par ledit
» monseigneur Jehan n'est ; et iv setiers de vin
» moitié blan et moitié vermoil, 12 pains blanz
» de chapitre et une touaille de quoi ladite Châsse
» est essuié, trois provendes d'avoine à cheval
» et trois mez de poisson (2). »

Voici un fait qui nous fournira une nouvelle preuve de cette profonde vénération portée au saint Vêtement de Chartres : on y verra un roi guerrier courber son front victorieux devant

(1) *Poëme des miracles*, pages 120-124.
(2) *Grand livre rouge*, page 87 ; manuscrit de la bibliothèque.

cette précieuse relique, et le Chapitre délibérer solennellement pour en autoriser l'exhibition ; car, à cette époque, la sainte Châsse était déjà cachée à tous les regards, dans le trésor de la cathédrale, et on ne la descendait que dans des occasions exceptionnelles.

En 1360, Edouard, roi d'Angleterre, avait traversé une partie de la France en vainqueur, et il était venu mettre le siège devant Chartres, après avoir refusé d'écouter le légat du Saint-Siége, et les députés du Dauphin, qui le suppliaient de faire la paix avec le roi Jean, son prisonnier. « Alors, » dit le célèbre Froissart, il avint au roy d'An- » gleterre et à toutes ses gens un grand miracle, » lui étant devant Chartres, qui moult humilia et » brisa son courage ; car pendant que les trai- » teurs françois alloient et préchoient ledit roy et » son conseil, et encore nulle réponse agréable » n'en avoient ; un temps et un effondre et un » orage si grand et si horrible descendit du ciel » en l'ost (armée) du roy d'Angleterre, que il sem- » bla bien proprement que le siècle dut finir ; car » il chéoit de l'air des pierres si grosses qu'elles » tuoient hommes et chevaux, et en furent les » plus hardis ébahis. Et adonc regarda le Roy » d'Angleterre devers l'église Notre-Dame de » Chartres, et se rendit et voua à Notre-Dame » dévotement, et promit, si comme il dit et con-

» fessa depuis, que il s'accorderoit à la paix. (1) »

En effet, quelques jours après, la paix est signée à Bretigny, commune de Sours, le jeudi 7 mai 1360. Le lendemain Edouard vint à Chartres faire ses dévotions avec les principaux officiers de son armée. Il désirait voir et vénérer la sainte Châsse. Le Chapitre résolut de satisfaire aux désirs du roi, si toutefois le grand conseil de France le trouvait expédient. Voici la délibération du Chapitre :
« Le jeudi après la fête de Saint-Jean devant la
» Porte latine, 1360. Etant présents messieurs le
» chantre, le sous-chantre, etc. Il a été or-
» donné par le Chapitre que la sainte Châsse seroit
» retirée du lieu où elle est cachée, et qu'elle
» seroit montrée, en l'endroit accoutumé, au roi
» d'Angleterre et à ses officiers, qui doivent cette
» semaine se trouver à Chartres et venir à l'église
» en pèlerinage et dévotion ; si toutefois cela est
» trouvé expédient par le Conseil de France, rési-
» dant maintenant à Chartres, ou du moins par M.
» Chancelier de France (2) ou par M. du régent

(1) *Les grandes chroniques de sire Jehan Froissart, natif de la bonne et franche ville de Valentiennes*; tome IV, chap. 446.

(2) « Adoncques, dit Froissart, estoit chancelier de France un moult sage et vaillant homme, messire Guillaume de Montaigu, évesque de Térouanne. » (*Grandes chroniques*, chap. 446.)

» (dominum Regentis), et par Simon de Bucy et
» le doyen de l'église. Pour faire la demande au
» conseil de France furent députés par le Chapitre,
» le chantre, le chancelier et les autres chanoines
» qu'ils voulurent choisir et avoir; en même
» temps ils furent chargés de montrer la sainte
» Châsse, en cas que ledit conseil le trouveroit bon.

« Le vendredi suivant, étant présents les susdits,
» le Chapitre ordonna que ladite sainte Châsse se-
» roit posée sur l'autel et montrée à tous, comme
» il a été convenu, d'après le rapport du conseil,
» et parce que la paix a été confirmée (1). »

Le roi vint en effet ce jour-là à Chartres; il était accompagné du duc de Lancastre, du prince de Galles, du comte de la Marche et de plusieurs hauts barons d'Angleterre. Voici en quels termes Froissart raconte le pieux pèlerinage d'Edouard III : « Le roy d'Angleterre, quand il se partit, passa
» parmi la cité de Chartres et y hébergea une nuit.
» A lendemain vint-il moult dévotement, et ses
» enfants, en l'église Notre-Dame, et y ouirent la
» messe et y firent grandes offrandes, et puis s'en
» partirent et montèrent à cheval » (2).

Peu d'années après ce pieux pèlerinage, la sainte

---

(1) *Registre capitulaire de l'église de Chartres*, ad ann. 1360; ms. de la bibliothèque de Chartres.

(2) *Grandes chroniques*, tome IV, chap. 449.

Châsse vit deux fois devant elle le roi de France, Charles; il y vint en 1366 et en 1367, et dans cette double occasion, il montra une royale générosité envers Notre-Dame. Parmi les dons qu'il fit, on admira surtout un camée antique, qui fut placé au haut du pignon de la sainte Châsse; l'inventaire de 1682 le décrit en ces termes : « Au haut
» du pignon est une grande agate ovale, sur la-
» quelle est taillé un Jupiter. Le cadre est ovale
» et en or. Au bas, un écusson couronné aux
» aux armes de France. On lit sur la couronne :
» LE ROI CHARLES V, FILS DU ROI JEAN, DONNA CETTE
» AGATE A L'ÉGLISE EN 1367. Estimée 6,000 liv. »
Ce beau camée se voit depuis 1793, au cabinet des médailles à Paris; c'est un des plus remarquables de cette riche collection par la perfection du travail et le volume de la pierre.

Le quatorzième siècle ne rendit pas à la sainte Châsse de moindres hommages. On vit accourir devant elle presque tous les rois et les reines de France qui régnèrent durant ce siècle; on vit aussi une foule de princes et de personnages distingués. Plusieurs y ont laissé de riches offrandes. C'est ainsi que le prince Louis de Bourbon, tige de la branche royale dont est issu Henri IV, donna « un tableau d'or ovale, à deux faces : sur
» l'une sainte Marie-Madeleine, accompagnée de
» Louis, comte de Vendôme; sur l'autre se lit :

» Nous, Louis de Bourbon, comte de Vendôme,
» avons donné ce tableau à l'église N.-D. de
» Chartres, et y donnons par chacun an, à tou-
» jours, une once d'or à prendre sur notre dit
» comté de Vendôme. Fait l'an 1404, au mois
» d'août. (1) » Ce tableau d'or a orné la sainte
Châsse jusqu'en 1795. — Un autre prince français, qui a voulu n'être connu que de Dieu seul,
enrichit la sainte Châsse d'un magnifique diamant,
décrit par l'inventaire de 1682 : « Un diamant
» non taillé, de la longueur d'un pouce sur 9
» lignes, tant de largeur que de hauteur, encastré
» dans un châton d'or ovale de filigrane, enri-
» chi de petits rubis et turquoises; il est d'une
» très-belle roche, et serait d'un prix considéra-
» ble s'il était travaillé, étant plus gros que le
» tiers de celui du duc de Toscane, estimé plus
» de 2 millions. » — Un grand seigneur, qui s'est
aussi caché derrière un voile impénétrable, fit placer « sur le second côté de la sainte Châsse une
» manière de portique; au milieu, une Vierge d'or
» tenant son Fils. Pèse 1 marc, 1 once, 2 gros. » (2)
— Un magnifique camée fut encore mis sur la
sainte Châsse, vers 1550, par une main inconnue;
il avait 2 pouces de haut, et représentait une
Diane à la chasse.

(1) *Inventaire de* 1682, page 44. — (2) Ibid., page 44.

Le seizième siècle s'ouvre par la riche offrande de la reine-duchesse Anne de Bretagne. C'était « une ceinture d'or (pesant 5 marcs 1 once, esti-
» mée 500 écus), environnant le bas de la Châsse,
» et enrichie de 15 rubis, 10 saphirs et 64 perles.
» A un des bouts il y a une grosse agrafe en or,
» et à l'autre un onix servant de bouton. Donnée
» en 1506 par la reine Anne de Bretagne, qui y
» joignit deux bracelets d'or émaillés, attachés
» au-dessous de cette ceinture. » (1)

La première spoliation de la sainte Châsse eut lieu en 1562, par ordre du roi Charles IX, « à
» cause des nécessités du royaume, pour écarter
» les hérétiques; il fut bien ôté de la sainte
» Châsse 40 belles pièces d'or de plusieurs his-
» toires. » (2) A cette déplorable époque, toutes les reliques de l'église de Chartres furent portées, par ordre des commissaires du roi, à l'hôtel de la Fleur de Lis, près de la porte Guillaume, où ils étaient descendus. Toutes ces pieuses richesses y furent évaluées, et ensuite conduites à Paris pour y être vendues. Les Chartrains montrèrent alors quel était leur vif attachement pour la sainte Châsse : ils ne voulurent jamais permettre qu'elle sortît de l'église, et ils donnèrent des ôtages pour

(1) *Inventaire de* 1682, p. 42. — (2) Ibid. p. 49.

en répondre à Paris. Mais le roi touché d'une si courageuse piété renvoya les ôtages à Chartres, et ne voulut pas qu'on mît la main sur la sainte Châsse.

C'est encore au 16ᵉ siècle que l'on voit devenir plus fréquent l'usage de descendre la sainte Châsse et de la porter en procession jusqu'à l'abbaye de Saint-Père, à celle de Josaphat. Mais cela ne se faisait que dans les grandes calamités publiques, ou dans des occasions solennelles. C'est ainsi qu'en 1506, la sainte Châsse fut portée à l'abbaye de Saint-Père pour remercier le Seigneur et sa sainte Mère d'avoir préservé du feu l'église et la ville. L'évêque lui-même, René d'Illiers, portait la sainte Châsse avec le doyen du Chapitre, et ils marchaient pieds nus ainsi que presque tous les assistants. Le corps de ville s'assembla même pour régler cette procession en ce qui le concernait ; en effet on lit dans les registres de la chambre de ville : « 1ᵉʳ aoust 1506 : assemblée en laquelle a esté ordonné, appointé qu'il sera crié à son de trompe par les carrefours de cette ville et fait commandement, de par le Roi et M. le bailly de Chartres, à tous les habitants de cette ville, que demain, en faisant la procession générale ordonnée estre faite en l'église de Saint-Père en Vallée, en laquelle sera portée la Châsse pour rendre louanges à Dieu et à la Vierge Marie d'avoir préservé l'église et la ville du feu, ils aillent en grande révérence, deux à deux, sans foule ni tourbe ; et qu'on nettoye les immondices des rues. » Cette pieuse sollicitude ne saurait être assez louée.

Divers manuscrits font mention des processions solennelles qui eurent lieu en 1523, 1583, 1615, 1636, 1681, 1693 et 1708. Qu'on nous permette de transcrire ici le récit détaillé de la procession du 18 juin 1681 ; ce récit, fait par un témoin oculaire, nous donnera une idée de la pompe dont on entourait ces cérémonies sacrées. Mais avant de commencer notre récit, disons le motif de la procession.

En cette année 1681, une sècheresse extrême, qui dura depuis le mois de février jusques vers la fin de juin, avait tellement arrêté la végétation au point que les blés et les autres céréales ne paraissaient pas plus avancés qu'en plein hiver. C'est alors que M. de Neuville ordonna des prières publiques dans tout son diocèse et une procession de la sainte Châsse à Josaphat. Quelque temps après, des pluies abondantes rendirent la fécondité à la terre, et procurèrent une riche récolte, contre l'attente de tout le monde (1).

Maintenant voici le récit quelque peu emphatique de D. Fabien Buttereux, en son histoire de Josaphat :

« Le mercredy, 18ᵉ du mois de juin 1681, la

---

(1) *Histoire de Chartres*, par Chevard, maire de Chartres; 1801, tome II, page 521.

3e année du souverain pontificat d'Innocent XI, pape, la 38e année de Louis quatorzième surnommé le *Grand*, roy de France et de Navarre, la 24e année du pontificat de messire Ferdinand de Neufville, évesque de Chartres, la 50e année depuis que messire Gabriel de Rothelin fut fait abbé commendataire de l'abbaye de Josaphat, et la première année du R. P. D. Nicolas Sacquespré, prieur de Josaphat ;

« Il fut fait une procession générale de la sainte Châsse, dans laquelle est renfermée la chemise de la sainte Vierge Marie, mère de N. S. J. C., en l'abbaye de Josaphat lès Chartres ; à cette procession assistèrent tous les chanoines de l'église cathédrale de Chartres, tous les religieux, tant exempts que non exempts, avec messieurs les curés, tant de la ville et la banlieue que de beaucoup d'autres paroisses ès environs, qui eurent la dévotion d'y assister, quoique ils n'y eussent pas été mandez ; ils estoient tous revêtus de chappes.

« Pour s'y bien préparer, monseigneur de Chartres ordonna trois jours de jeûne, à sçavoir le lundy, le mardy et le vendredy ensuivant, tant à ceux de la ville que de la banlieue, afin d'obtenir, par les mérites et intercession de la très-sainte Vierge, de la pluie, d'autant qu'il y avoit plus de deux mois qu'il n'avoit plu, ce qui faisoit craindre une grande stérilité. De plus, il ordonna que le jour de la procession, l'office se feroit de la sainte Vierge comme aux fêtes doubles pour la ville et banlieue; et pour la cathédrale, l'office se feroit avec la solennité des festes de seconde classe.

« L'office du jour estant donc dit à la cathédrale, sur les six heures du matin, l'on tira la sainte Châsse du trésor, qui fut portée sur le grand autel par les deux premières dignités, et cependant quatre enfants de chœur ayant chacun en la main un flambeau chantèrent : *Domine, non secundum peccata*, etc. La prière estant finie, l'on fit partir la procession sur les six heures et demie pour aller à l'église de Nostre-Dame de Josaphat. Tout le clergé estoit revêtu de chappes, et au milieu du clergé toutes les reliques estoient portées par des ecclésiastiques à qui appartenoient les saintes reliques. La première qui marchoit estoit celle des RR. Pères Jacobins, la seconde de saint Prest, la troisième de saint Maurice, la quatrième celle de sainte Foy, la cinquième celle de saint Aignan, évesque de Chartres, la sixième celle des RR. Pères chanoines réguliers de Saint-Jean en vallée, la septième celle des chanoines de Saint-André, la huitième celle de sainte Soline des RR. Pères religieux bénédictins de Saint-Père en Vallée, la neuvième celle de saint Thaurin, évesque d'Evreux, portée par le curé de Paysi et un autre ecclésiastique, et supportée par plusieurs habitants dudit

Paysi qui estoient nuds-pieds et revêtus d'aubes, ayant des couronnes et chapeaux de fleurs à leurs testes, la dixième le reliquaire du bois de la vraie Croix de N. S. J. C., et la dernière la sainte Châsse portée par messieurs les chanoines, chacun à son tour, selon les stations qui furent marquées par messieurs de l'OEuvre, tant pour aller que pour revenir, selon l'ordonnance de messieurs du Chapitre, et tous le portèrent, depuis la première dignité jusqu'au dernier des chanoines qui estoit dans les ordres majeurs.

« La sainte Châsse estoit accompagnée de quatre marguilliers clercs qui tenoient chacun de son costé, le coin du drap d'or qui estoit attaché dessous la sainte Châsse, de crainte qu'il ne tombât par terre quelques pierreries dont elle est toute couverte, ayant aussi le chaperon sur l'épaule et de l'autre main tenant une verge blanche. Suivoient ensuite deux orpheuvres qui marchoient derrière la sainte Châsse.

« Toutes les rues par où devoit passer la procession estoient tendues de tapisseries. La susdite procession estoit accompagnée de messieurs du Présidial, de Ville, de l'Election et du Grenier à sel et aussi du Corps des marchands. L'on mit plusieurs tables le long du chemin pour y reposer les saintes reliques en la nécessité ; mais la sainte Châsse ne reposa sur aucune, car lorsqu'il estoit besoing de changer, les quatre marguilliers qui l'accompagnoient, la soutenoient pour faciliter le changement. Pour empêcher la foule du peuple qui n'est que trop ordinaire à ces sortes de cérémonies, messieurs de Ville mandèrent le Vidame avec sa cinquantaine, dont il y eut une partie qui accompagnoit la procession, et l'autre fut envoyée à l'abbaye pour en garder les portes et empescher le monde d'entrer en l'église ; ce qu'ils exécutèrent fidèlement, tenant toujours la grande porte fermée, et on ouvroit la petite porte seulement pour la nécessité, jusqu'à ce que la procession arrivast au monastère, car alors ils ouvrirent l'une et l'autre et se mirent à la porte de l'église pour empescher non-seulement le peuple, mais même tous ceux qui tenoient les torches allumées qui estoient en grand nombre, car chaque corps de métier en avoit plusieurs, sans compter celles de messieurs les Chanoines, de messieurs de Ville, du Présidial, de l'Election et du Grenier à sel. Ils alloient tous, deux à deux, en bel ordre ; suyvoient les bannières et les croix de toutes les paroisses, tant de la ville que des champs, qui demeurèrent tous aussi à la porte de l'église sans y entrer ; après les croix tous les petits pauvres venoient ensuite ; après les petits pauvres tous les religieux mendiants ; après eux les prieurs, les curés, les prêtres des séminaires qui alloient de côté avec messieurs les curés, les chanoines réguliers de Saint-Jean, les chanoines de Saint-André, les religieux de Saint-Père en Vallée, et les derniers tous les chanoines avec la sainte Châsse, le reliquaire du bois de la vraie Croix et de saint Thaurin. Les autres châsses et reliquaires marchoient au milieu du corps soit de religieux soit de curés à qui appartenoient lesdites reliques, en sorte que les reliquaires des Jacobins marchoient au milieu des Jacobins, et ainsi des autres.

« La procession arriva à l'église de Josaphat sur les huit heures et demie, qui estoit magnifiquement ornée et tendue de double rang de tapisserie de haute lice, tant dans toute la nef que dans le chœur, et pour la chapelle de la sainte Vierge et le tour du chœur estoit seulement tendue d'un seul rang de tapisseries. Les deux ailes de la nef estoient par bas parées de beaux parements d'autels, de croix, etc.; sur le haut de la cloture qui sépare le chœur d'avec la nef, il y avoit quatorze chandeliers avec chacun un cierge de demi-livre pesant, et entre chaque chandelier il y avoit autant de beaux vases de porcelaine avec de beaux bouquets dedans.

« Pour le grand autel, il estoit paré magnifiquement de nos saintes reliques, d'une grande croix d'argent et quatorze grands chandeliers d'argent dont il y avoit six du thrésort de Nostre-

Dame de sous-terre, et six autres appartenoient aux RR. Pères Jacobins avec la grande croix d'argent, sans compter tous les flambeaux d'argent et beaucoup de gros vases d'argent qui estoient posés de costé et d'autre du grand autel.

« Aux deux costés du grand autel, assez proches des galeries, estoient posées deux longues tables couvertes de grandes tapisseries et sur icelles de grandes tavaioles où furent posées les reliques ; et pour la sainte Châsse, on fit un petit throsne à part au milieu du presbytère où elle fut mise et y demeura pendant toute la grande messe.

« Ceux qui entrèrent dans le chœur, furent les Chanoines de la cathédrale, les religieux de Saint-Père en Vallée, les chanoines de Saint-André, les chanoines réguliers de Saint-Jean, et les curés tant de la ville que de la banlieue. Les autres curés des villages et les prestres avec tous les religieux mendiants estoient dans la nef et autour du chœur. Il y avoit tout le long du chœur, de chaque costé, quatre rangs de bancelles tout couvertes de tapisseries à fleurs de lys qui estoient suffisantes pour asseoir tous ceux qui estoient dans le chœur. On avoit préparé de plus trois escabeaux de tapisserie pour les trois chantres.

Dans le presbytère tout estoit rempli de bancelles couvertes aussi de tapisseries pour messieurs du Présidial, de Ville, de l'Élection et du grenier à sel. Pour le corps des marchands, on avoit préparé des bancelles dans la chapelle de la sainte Vierge, qui estoit très-bien parée, estant toute tendue de belles tapisseries de haute lice; et pour l'autel rien n'y manquoit pour sa beauté et son ornement. Outre les tableaux, il y avoit grand nombre de flambeaux d'argent, avec autant de cierges d'un quarteron qui furent tous allumés, au commencement de la procession.

« Tout le clergé estant entré dans l'église, on chanta la grande messe en musique, qui fut célébrée par M. Pinard, chanoine et grand pénitencier, que messieurs du Chapitre choisirent pour cet effet. Pour les ornements nécessaires pour le célébrant, le diacre, le sous-diacre et les trois chantres, nous eusmes les ornements de messieurs les chanoines. On mit dès le commencement de la grande messe le calice sur le grand autel. On avoit préparé une écharpe pour le sous-diacre, qui ne servit point, à cause qu'il n'en porte que dans leur église.

« Le célébrant, le diacre et le sous-diacre ne s'assirent point pendant le *Gloria in excelsis* et le *Credo* (je spécifie ceci, afin qu'on y prenne garde, quand la même cérémonie arrivera une autre fois).

« La messe fut chantée de la sainte Vierge, dont la première oraison estoit de la Vierge, la seconde de la Croix, la troisième de saint Thaurin, la quatrième des saintes reliques, la cinquième pour la pluie, la sixième pour le Roy, et la septième pour la paix. La grande messe estant finie, la procession s'en retourna dans le mesme ordre qu'elle estoit venue, en chantant en musique les litanies de la sainte Vierge. Elle arriva à la cathédrale un peu après midy.

» Il y avoit 45 ans que la sainte Châsse n'avoit été descendue. On ne la descend que dans l'extrémité, et toutes les fois qu'on le fait, ce n'est que pour la porter à Nostre-Dame de Josaphat lès-Chartres (1). »

L'usage de ces processions continue encore dans les calamités publiques; et il est à remarquer qu'elles ont toujours eu lieu sur les plus vives instances du peuple chartrain, si confiant dans le pouvoir de Marie.

En 1832 et en 1849, la sainte Châsse fut portée

---

(1) *Histoire de Josaphat*, par D. Fabien Buttereux, religieux de cette abbaye; Ms. de la bibliothèque de Chartres. — Cf. *La Beausse desséchée ou discours sur la procession générale faite à Chartres le 18 juin 1681*, contenant plusieurs antiquitez de l'église et autres choses curieuses, par Jacques Anquetin, greffier de cette ville. Chartres, chez la veuve Cottereau, 1681, in-4° — Dom Buttereux se trompe quand il affirme que la sainte Châsse n'était portée qu'à Josaphat : en 1506, elle fut portée à l'abbaye de Saint-Père.

processionnellement dans les principaux quartiers de la ville, comme pour les étreindre d'un cordon sanitaire contre le choléra qui sévissait alors à Chartres, ainsi que dans presque toute la France.

La procession du 26 août 1832 mérite d'être rapportée ici. La ville était plongée dans la plus profonde consternation ; car depuis trois semaines le choléra faisait chaque jour de nombreuses victimes : on en compta jusqu'à 24 en une seule journée ; c'était un nombre considérable pour une ville qui contenait à peine douze mille habitants, puisque durant ces jours de désolation tous ceux qui le purent, s'éloignèrent de ce théâtre de mort.

Une même pensée s'éleva alors dans tous les cœurs : l'intercession de Notre-Dame, se disait-on, peut seule arrêter les ravages du terrible fléau. Le peuple de la basse-ville et des faubourgs surtout demandait à grands cris la procession de la sainte Châsse. Mgr. Clausel de Montals, évêque de Chartres, céda bien volontiers au désir de son peuple, et il ordonna que la procession demandée, à laquelle assisteraient tout le Chapitre de la cathédrale et le clergé des paroisses et des séminaires, aurait lieu le dimanche 26 août, à l'issue des vêpres. Elle se fit avec la plus grande solennité ; Mgr. l'évêque la présida. La sainte Châsse, tutèle des Chartrains, y était portée avec une profonde vénération. Le pieux cortége était suivi par tous les habitants de la ville et des villages voisins; tous donnèrent les marques les plus touchantes de recueillement, de dévotion et de confiance en Marie. Oh! que ce fut un touchant spectacle que cette foule qui se pressait à l'envi autour du saint Vêtement, sauve-garde de la cité carnute! L'espoir du peuple ne fut pas trompé : la divine Consolatrice des affligés exauça les prières qui lui furent adressées avec larmes, en ce jour d'imposante solennité. Le choléra cessa tout-à-coup; un impie contempteur de la sainte confiance de ses concitoyens fut seul frappé encore par la cruelle maladie, comme pour rendre le miracle plus visible à tous les yeux. A partir du lendemain, on ne compta plus un malade nouveau, ainsi que l'ont attesté les rapports des médecins et des prêtres de la ville; tandis que la veille, le terrible fléau avait frappé de mort dix-sept personnes. On remarqua aussi que tous les cholériques atteints le jour de la procession entrèrent en convalescence immédiatement après, et trouvèrent tous une entière guérison.

Une cessation aussi subite et aussi contraire à la marche ordinaire du fléau frappa tous les esprits, et, à l'exception de quelques hommes qui s'obstinent à ne jamais reconnaître l'intervention céleste, et qui veulent tout expliquer par l'électricité et les variations atmosphériques, tous s'écrièrent avec admiration et reconnaissance : Le doigt de Dieu est là ! Tous se plurent à reconnaître dans cette guérison miraculeuse l'effet de la puissante intervention de Marie, patronne de la ville et du diocèse.

Pour en perpétuer le souvenir et pour témoigner de leur gratitude, les habitants de la ville firent frapper une grande médaille en or. En voici la description : le fond représente l'entrée de la cathédrale ; au bas un cholérique portant une croix sur sa poitrine, et levant les mains vers la très-sainte Vierge ; à gauche la souriante Marie implore pour sa ville de Chartres le Père éternel, qui apparaît porté sur des nuages ; il tourne ses regards vers Marie prosternée à ses pieds, et de sa main gauche il arrête le bras de l'ange exterminateur, personnification du choléra. Comme exergue on lit ces mots de saint Bernard : *In periculis, in angustiis, Mariam cogita, Mariam invoca ;* — *Dans vos dangers et vos angoisses, pensez à Marie, invoquez Marie.* Au bas se lit l'inscription suivante : *Voté à Notre-Dame de Chartres par les habitants de la ville, en reconnaissance de la cessation du choléra-morbus, qui eut lieu à la suite de la procession solennelle célébrée pour obtenir sa puissante intercession, le dimanche XXVI août MDCCCXXXII.*

Mgr. l'évêque voulut en outre qu'un monument

liturgique éternisât la mémoire de cette délivrance miraculeuse. Il ordonna que chaque année le dimanche le plus rapproché du 26 août, on ferait, dans les églises de la ville, une procession en l'honneur de la très-sainte Vierge, pour rendre grâces à Dieu de la cessation du choléra. Voici en quels termes l'ordo diocésain la commande : *Hodie post vesperas, in ecclesiâ cathedrali ac in ecclesiis S. Petri et S. Aniani, ad persolvendas Deo gratias pro cessatione morbi dicti choléra-morbus anno 1852 ;* ... *fit Processio in honorem B. M. V. cum saluti S. S. Sacramenti, in quâ cantatur* Te Deum. — *Quam Processionem, singulis annis in perpetuum, dominicâ diei 26 augusti proximâ faciendam D. D. Episcopus Mandavit.* Cette fête liturgique est la plus haute garantie donnée à l'authenticité du miracle.

Depuis la miraculeuse procession de 1852, il est d'usage de porter la sainte Châsse dans la procession du 15 août. Mais elle n'est plus portée comme autrefois par les chanoines ; ce sont des ecclésiastiques pèlerins, ou à leur défaut de jeunes lévites du séminaire qui ont cet honneur. — Telle est la vénération traditionnelle du peuple chartrain pour la sainte Châsse, qu'à son passage dans les rues et sur les places publiques, toutes les têtes se découvrent et tous les genoux fléchissent.

Depuis la mise du saint Vêtement dans la Châsse

d'or, œuvre de Teudon, il ne paraît pas avoir été examiné ou retiré de la Châsse avant 1712. A cette époque, Mgr. de Mérinville fit ouvrir la sainte Châsse et décrire le précieux Vêtement. Nous possédons encore le procès-verbal de cette ouverture.

Quand l'affreuse révolution de 1795 vint s'abattre sur la cathédrale de Chartres avec toutes les fureurs du vandalisme le plus sauvage, la sainte Châsse fut brisée, et le saint Vêtement partagé en deux portions qui furent gardées par les hommes chargés de cette sacrilége spoliation. Plus tard ces portions tombèrent entre des mains pieuses qui les conservèrent précieusement. En 1820, elles furent authentiquement reconnues par Mgr. de Lubersac, ancien évêque de Chartres, et placées dans un petit coffret en vermeil.

Deux ans plus tard, S. E. le cardinal Latil, alors évêque de Chartres, fit placer sur le coffret deux cœurs en or, donnés par la duchesse d'Angoulême, et il le posa sous une sorte de baldaquin en bronze doré. Dans son procès-verbal, l'éminent prélat déclare « y avoir fait ajouter deux cœurs en
» or unis ensemble, enrichis d'or de couleur : l'un
» entouré d'une couronne d'épines, surmonté d'une
» croix, dans lequel est inclus un petit papier sur
» lequel sont écrits à la main ces mots : *l'Eglise de*
» *France;* l'autre cœur, entouré d'une couronne de
» roses blanches, transpercé d'un glaive, surmonté

» d'une branche de lis et dans lequel est inclus
» un autre papier sur lequel sont pareillement
» écrits ces mots : *Le roi et la famille royale;* une
» chaînette d'or descend du milieu des deux cœurs
» sur la croix placée sur la partie supérieure du-
» dit reliquaire. » Ensuite il ajoute : « Nous l'a-
» vons déposé dans une châsse de bronze doré,
» par nous bénite à cet effet avec les cérémonies
» accoutumées ; ladite châsse formant un monu-
» ment gothique soutenu par huit pilastres, sur-
» montés d'ogives du même métal et enrichies de
» médaillons peints sur émail, représentant les
» douze apôtres : au-dessus des ogives règne une
» une galerie formant un pourtour garni de pier-
» res bleues et rouges, au milieu desquels s'élève
» une tour carrée à jour, surmontée d'une flèche
» ou petit clocher terminé par une croix : ledit
» clocher décoré sur ses côtés de quatre grosses
» topazes, et garni dans son pourtour de pierre-
» ries semblables à celles de la susdite galerie.
» Deux inscriptions en latin, rapportées à la suite
» des présentes, sont gravées sur les deux faces
» latérales inférieures de ladite tour, dans l'inté-
» rieur de laquelle est placée une image de la
» très-sainte Vierge en argent doré. Ladite châsse,
» longue à la base de 19 pouces sur environ 12
» de largeur, porte trois pieds de hauteur depuis
» sa base jusqu'à la croix placée sur le clocher ;

12

» dans l'intérieur, à la hauteur des ogives, elle est
» revêtue de verres bleus. »

Voici les deux inscriptions latines dont il vient d'être parlé ; la première est ainsi conçue :

AD MAJOREM DEI GLORIAM.

—

SACRÆ HIG INCLUSÆ RELIQUIÆ
E VELO BEATÆ MARIÆ VIRGINIS
ECCLESIÆ CARNOTENSI
A CAROLO CALVO IMP. DONO DATÆ
AB ANNO 876.
AD ANNUM INFAUSTÆ MEMORIÆ 1793
REGUM POPULORUMQUE CONCURSU
VENERATÆ SUNT.

—

ET IN HONOREM BEATÆ MARIÆ
VIRGINIS DEI PARÆ.

La seconde inscription porte :

CURA ET IMPENSIS D. D. DE LUBERSAC
OLIM CARNOTENSIS EPISCOPI
RESTITUTÆ,
A. D. D. DE LATIL, IPSIUS SUCCESSORE
IN HANC AMPLIOREM CAPTAM
INCLUSÆ.
PIETATI VOTISQUE FIDELIUM
FELICITER AFFERUNTUR
1822.

L'édicule gothique de Mgr. de Latil existe encore ; mais le reliquaire donné par Mgr de Lubersac a été remplacé par un autre en 1849 ; l'ordonnance épiscopale qui suit, énonce les motifs de cette substitution :

« Claude-Hippolyte Clausel de Montals, par la miséricorde divine et l'autorité du Saint-Siége apostolique, évêque de Chartres ;

« Considérant que le coffret dans lequel la relique de la sainte Tunique de Notre-Dame a été renfermée depuis la révolution par Mgr. de Lubersac, ancien évêque de Chartres, est d'une disposition fâcheuse, attendues que les ouvertures de ce coffret laissent voir plusieurs autres reliques des saints, et nullement celle qui est l'objet principal de la vénération des fidèles (1);

« Considérant d'ailleurs qu'il est contraire aux lois de l'Église de renfermer dans un même reliquaire, destiné à être exposé publiquement, des reliques qui ont droit à un culte d'un degré différent, telles que celles de la vraie Croix, des vêtements de la Mère de Dieu, et des ossements des saints et saintes ;

« Considérant qu'un coffret, précieux par le

---

(1) Ce coffret renfermait du bois de la vraie croix et des reliques de saint Barthélemi, saint Barnabé, saint Thomas, saint Etienne, saint Altin, saint Corneille, saint Orans, saint Loup, saint Julien, saint Nicolas, saint Athanase, saint Germain de Paris, saint Vincent, saint Christophe, sainte Apolline, sainte Barbe, sainte Oportune et sainte Paule.

genre délicat de son orfévrerie, a été donné par feue mademoiselle de Byss, bienfaitrice de l'église cathédrale, à l'effet d'être substitué à celui de Mgr. de Lubersac.

« Considérant enfin que ce précédent coffret, qui a son double exactement pareil, sera très-apte à renfermer, ainsi que l'autre, les diverses reliques des saints apôtres, martyrs, confesseurs et évêques de Chartres, qui sont conservées dans le trésor de l'église.

« Par ces motifs, nous avons établi, à l'effet de transporter ladite relique de la bienheureuse Vierge Marie de l'ancien coffret dans le nouveau, une commission composée de Mgr. Pie, notre vicaire-général, évêque nommé de Poitiers, de M. Sureau, vicaire-général, de M. Olivier-Dengihoul, chanoine secrétaire-général de notre évêché, de M. Vilbert, chanoine, secrétaire-adjoint, de M. Germond, chanoine-honoraire, notre secrétaire intime, et de M. Baret, chanoine-honoraire, premier vicaire de la paroisse N.-D. dans notre église cathédrale.

« Et après avoir porté les peines de droit *ipso facto* contre quiconque détournerait la moindre partie de ladite relique insigne que nous avons promis de conserver entière à notre église,

« Nous avons autorisé la commission susdite à procéder à l'ouverture de la sainte Châsse, à la condition expresse que la sainte relique sera, après un premier examen, exactement replacée sous nos sceaux, jusqu'au moment où elle sera définitivement disposée et authentiquement renfermée dans le nouveau coffret.

« Donné à Chartres, à notre palais épiscopal, sous notre seing, le sceau de nos armes et le contre-seing de notre secrétaire, le lundi neuf juillet de l'an de grâce mil huit cent quarante-neuf.

L. S.   † C. H. évêque de Chartres,
par mandement de Mgr.
OLIVIER-DENGIHOUL, ch. secrét. g¹.

La commission ne tarda pas à commencer l'œuvre dont elle était chargée ; ses opérations sont consignées dans le procès-verbal suivant, en date du 1ᵉʳ août 1849 :

» Claude-Hippolyte Clausel de Montals, par la miséricorde divine et l'autorité du Saint-Siége apostolique, évêque de Chartres,

» Savoir faisons que la commission par nous instituée conformément à l'ordonnance ci-dessus du 9 juillet dernier, a fait l'ouverture du coffret renfermant le précieux Vêtement appelé *Tunique* et plus tard *Chemise* de la bienheureuse Vierge Marie, Mère de Dieu ; qu'elle a trouvé cette sainte relique dans un état très-satisfaisant : elle se compose de deux morceaux de la même étoffe de soie blanche écrue, dont l'un est long de deux mètres douze centimètres, sur quarante centimètres de largeur ; et l'autre long de vingt-cinq centimètres sur vingt-quatre de large. A cette Tunique de la bienheureuse Mère de Dieu, telle qu'elle est décrite dans les procès-verbaux de nos prédécesseurs, Mgr. Charles-François de Mériville, du 15 mars 1712 et de Mgr. J.-B.-Joseph de Lubersac, du 8 mars 1820, se trouve joint un voile d'une étoffe plus légère et plus claire, qui est désigné dans les procès-verbaux susdits comme l'enveloppe de la Tunique de la très-sainte Vierge, et qu'on croit avoir été un voile de l'impératrice Irène. Ce voile remarquable par plusieurs ornements bysantins qui le tenaient aux deux extrémités, a été copié et dessiné avec soin par M. Paul Durand, docteur-médecin et artiste-archéologue, de notre ville épiscopale, qui a été admis à l'ouverture de la sainte Châsse ou coffret susdit (1).

» Cette première opération terminée, le saint

---

(1) Le dessin de mon honorable et savant ami sera reproduit par la gravure et publié dans la *Monographie de la cathédrale de Chartres*. Le même voile est figuré déjà dans les monuments inédits de Willemin, pl. 16. — Les historiens de la cathédrale ont tous pensé que ce voile bysantin a appartenu à la très-sainte Vierge : c'est une erreur grossière de leur part; le *Poëme des miracles* en est la cause première.

Vêtement de la bienheureuse Mère et l'enveloppe qui y était jointe, ont été pliés soigneusement et placés sur un coussin de drap d'or, de manière que le Vêtement de la sainte Vierge formant plusieurs plis gradués et placé au-dessus, fût facilement visible, et que l'enveloppe pliée par-dessous laissât apercevoir une partie des franges et ornements bysantins dont nous parlons plus haut. Cette sainte relique est assujettie par six cordons d'or liés deux à deux par-dessus et terminés par des petits glands d'or. Le tout a été déposé dans un petit coffret de bois de cèdre préparé exprès, long de 35 centimètres, haut de 12, et large de 10 centimètres, garni à l'intérieur de soie blanche et pourvu de six ouvertures, trois de chaque côté, ayant la forme de trèfles à quatre feuilles, du genre de ceux du moyen âge. Ce coffret, qui a été bénit avant le dépôt de la sainte relique, a été scellé du sceau de nos armes, apposé en trois endroits sur de la cire rouge, aux points de réunion des rubans de soie rouge qui en empêchent l'ouverture. Et ledit coffret de bois a été placé dans le nouveau coffret de cuivre ciselé et doré en forme de reliquaire du moyen âge, que notre cathédrale doit à la munificence de feue mademoiselle de Byss.

« Cette opération a été faite en présence de Mgr Pie, notre vicaire-général, évêque nommé de Poitiers, et des autres membres de la commission par nous instituée le 9 juillet précédent et désignés dans notre ordonnance ci-dessus rapportée, et de plus en présence du révérend docteur Tandy, missionnaire apostolique à Bambury, comté d'Oxford, doyen du doyenné de Saint-Augustin, dans le district central d'Angleterre, et de M. Paul Durand, docteur et archéologue résidant à Chartres ; lesquels ont signé avec nous ce présent procès-verbal.

« A Chartres, en notre palais épiscopal, sous le sceau de nos armes, notre seing et le contre-seing de notre secrétaire, le mercredi premier août de l'an de grâce mil huit cent quarante-neuf.

L. S. † C. H. évêque de Chartres.
 Louis-Edouard Pie, évêque nommé de Poitiers.
 J. N. Tandy, miss. apost.
 Sureau, vicaire gén.
 P. Durand.
 Baret, ch. hon. vic. de N. D.
 C. A. Vilbert, ch. hon. secr.
 E. Germond, ch. hon. secr.
 Olivier-Denghoul, ch. secr. général.

Le nouveau coffret enrichi de filigranes, d'émaux et de cabochons, a été fait par M. Cahier, orfèvre à Paris. — La sainte Châsse repose dans le *trésor* de la cathédrale, c'est-à-dire dans une grande armoire pratiquée dans le mur de la clôture du chœur. Les sacristains la montrent aux pèlerins.

CHAPITRE QUATRIÈME.

De Notre-Dame de la Belle Verrière, de Notre-Dame Blanche, de Notre-Dame-Bleue.

Pour suivre l'ordre chronologique, nous parlerons maintenant de ces trois images de la Mère de Dieu, devant lesquelles les pieux pèlerins allaient quelquefois offrir l'hommage de leurs prières, après avoir été à Notre-Dame sous-terre ou aux pieds de la sainte Châsse.

I. Notre-Dame de la belle Verrière est placée dans le latéral méridional du chœur, à la 45e fenêtre de l'étage inférieur, à l'opposite de la Vierge-Noire-du-Pilier. Elle est la plus ancienne image de Marie placée dans l'église haute; elle le fut probablement ou par le bienheureux Yves ou par son successeur immédiat, Geoffroi de Lèves. Brisée lors de l'incendie de 1194, elle fut reproduite peu d'années après avec tous ses caractères archéologiques; aussi au premier aspect paraît-elle avoir été faite dans les premières années du 12e siècle. Cette reproduction d'un type ancien (c'est le seul exemple que nous connaissions) prouve combien cette image était chère aux Chartrains du 13e siècle, puisque le peintre-verrier n'a pas osé suivre son inspiration personnelle pour représenter la très-sainte Vierge.

Voici la description de cette image. Marie est

assise sur un trône, et vêtue d'une double robe d'azur richement bordée ; un voile blanc et une magnifique couronne couvrent sa noble tête ; le saint Esprit plane au-dessus de la Mère de Dieu ; elle tient Jésus dans son giron. Le Sauveur a pour vêtement une robe blanche et un manteau bistre ; il porte le nimbe crucifère ; sa main droite bénit, et sa gauche tient un livre, sur lequel sont des lettres qui ne présentent aucun sens. — Quatorze anges rendent leurs hommages à la Reine des cieux : six l'encensent, deux l'éclairent, deux la prient en joignant les mains, et quatre soutiennent son trône.

Dès le 13° siècle, et peut-être même auparavant, un autel fut élevé devant Notre-Dame de la belle Verrière ; il était adossé à un pilier. On l'appelait indifféremment l'autel de la belle Verrière, ou de Notre-Dame des Neiges. Il y avait plusieurs fondations. L'une, celle de « messire Geoffroi des
» Feuchois, chanoine et archediacre Bloisien, de
» dix livres de rente, à prendre sur la maladre-
» rie d'Orgères, et encores sur deux maisons et
» vergers siz en la rue de Haurdenque à Chartres,
» ensembles sur quelques autres héritages. L'an
» mil cinq cens vingt, le chapellain fut condamné
» par les commissaires du Chappitre à y dire
» deux messes par semaine (1). » Une autre fon-

(1) Parthénie, 1ere partie, folio 141.

dation a été faite avant 1376 par un évêque de Chartres, Ebles du Puy; quand Ebles fit cette fondation, il n'était encore que sous-doyen du Chapitre. « Ce fut, dit Rouillard, son zèle au ser-
» vice de la très-sacrée Vierge qui le poussa et
» incita (2). » Voici en quels termes un nécrologe de la cathédrale en rend compte sous la date des Nones d'août : « A la gloire de Dieu tout-puis-
» sant et de sa Mère la bienheureuse Marie tou-
» jours Vierge, et surtout à la mémoire de l'écla-
» tant miracle de la Neige, par lequel fut fondée
» à Rome la noble église de sainte Marie-Majeure;
» à la demande et l'initiative de discret et dévôt
» seigneur Ebles du Puy, du diocèse de Limoges,
» sous-doyen de l'église de Chartres; le chapitre
» général a établi et ordonné que le 5 août pro-
» chain, et ensuite chaque année à pareil jour, il
» sera célébré par le collége de cette église une
» fête solennelle et office de la très-sainte Vierge
» avec les chapes de soie, la procession, la sonne-
» rie des grosses cloches, les orgues et toute la
» pompe en usage jusqu'aujourd'hui pour les au-
» tres fêtes de la sainte Vierge, avec le luminaire
» de la perche et des quatre anges seulement.
» Voulant assurer ce service annuellement et à
» perpétuité et obtenir ainsi son salut, celui de

(2) Parthénie, 2ᵐᵉ partie, folio 50.

» ses proches et de ses bienfaiteurs, le vénérable
» Ebles du Puy a donné à cette église une rente
» perpétuelle de quinze livres tournois amortie,
» par lui achetée dans la ville de Dreux, ensem-
» ble avec les autres rentes amorties, achetées,
» par le Chapitre du comte de Vandemons et de
» Marguerite sa femme, comme on le voit plus
» au long dans le titre qui en est conservée au
» trésor de cette église. » Le pieux Ebles du Puy
« obtint cent quarante jours de pardons et d'indulgences, pour ceux qui feroyent dévote assistance au service. Les bulles du pape Urbain en
sont ès registres du Chapître (1). » Ces fondations
et autres prouvent, nous semble-t-il, combien
était grande la dévotion pour Notre-Dame de la
belle Verrière. En effet les pèlerins et les fidèles
allaient prier devant cette sainte image comme
devant la Vierge-Noire du Pilier; aujourd'hui
quelques habitants de la campagne seulement y
vont faire leur prière et allumer un cierge; ils
le posent sur le pilier où était autrefois l'autel de
la belle Verrière.

II. Notre-Dame Blanche était ainsi appelée par
ce qu'elle était en albâtre; elle se trouvait adossée
contre une des colonnes du jubé, à droite de la
porte du chœur. Cette sainte image y avait été

---

(1) Parthénie, 2ᵐᵉ partie, folio 50.

placée l'an 1529, à la prière du roi Philippe de Valois. Ce prince fit élever un autel devant, et il la dota de trente livres tournois de rente annuelle, à prendre sur la recette du comté de Chartres, et à la charge d'y célébrer trois messes par semaine. Pourquoi fit-il ériger cet autel spécial à la très-sainte Vierge ? Nous l'ignorons ; l'histoire est muette là-dessus.

Cependant on portait une grande vénération à Notre-Dame Blanche ; car plusieurs fondations se firent à son autel, outre celle du roi. « Une messe » ha esté fondée par M⁶ Garnier Gueroust, archi-» diacre de Jozas en l'église de Paris. Monsieur de » Bourbon y ha aussi fondé une messe de soixante » livres de rente. Et maistre Hasting de Baveux, » seigneur de Maillebois, y en auroit aussi fondé » une, avec quelque dotation (1). » De sorte qu'il y avoit des messes fondées pour tous les jours de l'année.

En 1525, un nommé Roulan-Grelet, partisan exalté des doctrines de Luther et de Calvin, monta sur l'autel de Notre-Dame Blanche, et jeta violemment sur le pavé la sainte Image. Un profond sentiment d'horreur et d'indignation s'empara des témoins de cette odieuse profanation ; ils arrêtèrent le coupable et le conduisirent dans les prisons de

---

(1) Parthénie, 1ʳᵉ partie, folio 158.

Loëns. La nouvelle de cet attentat se répandit bientôt dans toute la ville, qu'elle plongea dans la consternation; car Notre-Dame est la Mère tendrement aimée des Chartrains. Cependant le coupable fut interrogé par le maire de Loëns, garde-général de la juridiction temporelle de Notre-Dame. Au lieu de répondre aux demandes qui lui furent faites, il parla d'autres choses et contrefit le fou; en sorte qu'on ne put savoir de lui les motifs qui l'avaient porté à commettre ce sacrilége attentat. On passa outre; on instruisit son procès, et le furieux iconoclaste fut condamné, selon la loi de cette époque, à faire amende honorable devant la porte royale et à être brûlé vif.

Les pieux Chartrains crurent que l'exécution de cette terrible sentence ne suffisait pas pour réparer l'injure faite à Dieu et à la sainte Dame de Chartres; à leur prière, l'évêque ordonna une procession générale, à laquelle assistèrent les ecclésiastiques de toutes les paroisses de la ville et de la banlieue, tous les religieux des divers monastères, les magistrats avec toutes les autorités civiles et militaires. La sainte Châsse y était portée par les chanoines; toutes les rues étaient tendues de tapisseries; et au retour, l'évêque célébra pontificalement le messe; ensuite il replaça sur son autel la statue de Notre-Dame Blanche. Cette solennelle réparation eut lieu le dimanche 26 octobre 1525. Le mercredi suivant fut un jour de jeûne général dans tout le diocèse, pour achever de satisfaire à la justice divine.

Notre-Dame Blanche demeura exposée sur son autel à la vénération des fidèles jusqu'à la destruction du jubé, en 1763 ; placée sur un autre autel, elle fut brisée sans retour lors de la funeste révolution de 1793.

A la même époque disparut une autre statue de Notre-Dame Blanche. L'inventaire de 1682 la décrit en ces termes : « Une grande Vierge d'ar-
» gent, de 24 pouces de hauteur, pesant dix
» marcs et demi, nommée Notre-Dame Blanche,
» ou *de lacte*. Au milieu du reliquaire est une pe-
» tite boite d'or dans laquelle il y a une petite fiole
» de cristal pleine du lait de la sainte Vierge. »

III. Notre-Dame Bleue fut peu connue des pèlerins ; elle ne sortait du trésor qu'aux jours de fête solennelle ; on l'exposait alors sur le maître-autel. Voici la description qu'en donne l'inventaire de 1682 : « Une Vierge d'or émaillé (hauteur
» 17 pouces), ayant un grand manteau émaillé
» de bleu, et à cause de cela nommée Notre-
» Dame Bleue. Elle tient par la main gauche son
» fils debout à côté d'elle, et qui est aussi en or.
» L'or et l'argent de cette figure pèsent ensemble
» 35 marcs. La Vierge est assise dans une chaise.
» Au pied de cette chaise est un reliquaire conte-

» nant des *cheveux de la sainte Vierge*, donnés en
» 1384, par le pape Clément VII à Jean de France,
» duc de Berry, lequel en a depuis fait présent à
» l'église, avec cette belle figure de la Vierge,
» comme il paraît par les registres de l'œuvre de
» l'an 1404. Les mêmes registres constatent aussi
» qu'en 1416, Jean Tarenne, changeur et bour-
» geois de Paris, donna le pied ou base de cette
» statue, qui est d'argent doré environné de pan-
» neaux de même, émaillés de bleu et semés de
» fleurs de lis. »

Rouillard parle aussi de Notre-Dame Bleue ; sa description complète celle de l'inventaire : « La
» dicte Image de Nostre-Dame, dit-il, est assise,
» son Fils debout près d'elle. Son habit est un long
» manteau d'esmail blanc et violet. Le Fils ha une
» robe d'esmail blanc, semée de petites roses d'or.
» La dicte Dame est richement couronnée de per-
» les et rubis, avec une pièce de semblables pier-
» reries sur son sein, et un bouquet de mesmes,
» qu'elle porte en l'une de ses mains. » (1)

Il va sans dire que les révolutionnaires de 1793 ont mis la mains sur cette précieuse statue, et l'ont jetée dans leur creuset sacrilége.

---

(1) Parthémie, 1re partie, fol. 208.

CHAPITRE CINQUIÈME.

De la Vierge-Noire-du-Pilier.

Cette sainte Image est la plus moderne de toutes les statues de Marie vénérées dans la cathédrale, puisqu'elle ne date que des dernières années du 15e siècle, comme le proclament tous ses caractères archéologiques. La première mention qu'en fasse l'histoire, remonte à l'an 1497. Il paraît qu'elle fut d'abord placée sur le jubé, aux pieds du Crucifix qui le surmontait. Vers 1520, elle fut posée sous l'une des arcades du même jubé, à gauche de la porte d'entrée du chœur; elle était posée sur une colonne en pierre de liais, et entourée de colonnettes et de traverses en cuivre. Ce fut le chanoine Vastin des Fugerais, président de l'œuvre, qui la fit ériger en cet endroit, « afin que sans
» troubler le divin service du chœur, elle fust
» librement exposée à la vénération de tout le
» peuple. Aussi l'affluence y est si commune, et la
» dévotion si grande, que la coulomne de pierre,
» qui soustient la dicte Image se voit cavée des
» seuls baisers des personnes dévotes et catholi-
» ques (1). » Ainsi parlait Rouillard en 1608.

M. Lejeune, dans une *Notice sur les Vierges miraculeuses de l'église Notre-Dame de Chartres*,

---

(1) Parthénie, 1ere partie, fol. 134 et 135.

suppose à la statue de la Vierge-noire une antiquité presque fabuleuse : « On ignore, dit-il, à
» quel endroit de l'église haute se trouvait cette
» statue de la Vierge-noire, avant l'incendie de
» 1194. » Puis il ajoute : « elle ne reposait pas sur
» l'autel principal, dont le couronnement était
» alors un magnifique *cyborium*. Mais, après la
» reconstruction du temple, on l'exposa à la vénération des fidèles au sommet du nouvel autel;
» un double escalier, ménagé de chaque côté de
» ce petit édifice, permettait aux pèlerins d'approcher de la Vierge-noire, et de lui faire toucher des linges et des amulettes (1). » Il en
coûte de contredire un vénérable ami ; mais la
vérité m'oblige de déclarer qu'il y a ici plus d'une
inexactitude. Avant l'incendie de 1194, la Viergenoire n'existait pas, et l'autel principal n'était
point couronné par un ciborium ; après la reconstruction de la cathédrale, la Vierge-noire ne fut
pas même un instant placée au sommet du nouvel
autel, et jamais les fidèles n'y ont fait toucher des
amulettes. Je serais trop long et je dépasserais le
but du Manuel, si j'entrais dans les détails. Qu'il
me suffise d'opposer assertion à assertion.

Après la destruction du jubé en 1763, la Vierge-

---

(1) Notice publiée dans l'*Histoire de Chartres* de M. de Lépinois, page 542.

noire fut adossée au pilier du transept qui lui faisait face, et elle demeura à cette place jusqu'au mois de juillet 1791, époque où elle fut reléguée dans un coin de la crypte, d'après les ordres de l'évêque constitutionnel Bonnet. Les anciens chanoines appelaient cette Image leur *Vierge stationnale,* parce que devant elle ils faisaient une station dans toutes les processions où le saint Sacrement n'était pas porté. Ils avaient aussi établi le pieux usage de l'encenser à *Magnificat* et à *Benedictus*, usage qui se continue de nos jours.

Challine, après avoir décrit le jubé, sur lequel reposait la Vierge-Noire-du-Pilier, ajoute : « Devant cet image de la Vierge se voit un cercle de » cuivre fleurdelyzé où il y a quatre lampes d'ar- » gent et une grosse lampe d'argent au milieu, et » un autre chandellier où brûle continuellement » la bougie que la ville donne pour cet effet devant » la Vierge, dont le tour est attaché au gros pillier » de devant la nef. (1) » Dès la pose de cette statue, la ville de Chartres représentée par ses magistrats, voulut faire brûler devant la Vierge-Noire le long cierge appelé la *Chandelle du Tour*, le

---

(1) *Histoire ou Recherches sur l'histoire de Chartres*, divisée en deux parties, qui sont Chartres payenne et Chartres chrétienne, composée et curieusement recherchée par M. Charles Challine, conseiller au bailliage et siége présidial de Chartres; 1706, mss. de la bibliot. de Chartres.

Tour de cire, le *Tour de ville*; « lequel fait et insti-
» titué d'ancienneté de la part du corps et com-
» munauté de la dite ville, pour être présenté par
» oblation pour le salut d'icelle, doit brûler et
» arder devant les images de la sainte Vierge et
» du Crucifix, en la nef de l'église Notre-Dame
» (1). » Ce *Tour de ville* consistait dans un cierge
de cire jaune, d'une longueur considérable, qui
égalait, dit-on, l'enceinte muraillée de la ville;
il était roulé sur un cylindre en bois et pesait
quelquefois plus de deux cents livres (2). Chaque
jour, l'*attacheur de chandelles* coupait un morceau
de ce cierge, et l'allumait sur le chandelier de la
ville. Il recevait à cet effet de la ville un salaire
annuel qui, après avoir été longtemps de 10 sols
tournois, s'éleva à 20 sols dès 1521. Pendant plus
de deux siècles, le *Tour de ville* fut présenté indis-
tinctement à quelqu'une des fêtes de l'année;
c'était assez souvent le 17 octobre, fête de la
dédicace de la cathédrale ou à la fête de Noël, et
on le portait à la procession qui se faisait par
l'église haute et basse. Mais après l'an 1568,

(1) Archives de la ville; ancien registre, tome I, année 1591, n° 343.

(2) Il pesait 208 livres en 1531; en 1497, il pesait 172 livres, et seulement 107 en 1506. — La livre de cire qui coûtait cinq sols dix deniers en 1503, coûta vingt-deux sols en 1604.

la cérémonie annuelle de la présentation du *Tour de ville*, fut fixée au 15 mars, jour de la fête de Notre-Dame de la Brèche. Tout le corps de ville se rendait, avant la procession, devant la Vierge-noire. C'était ordinairement le Maire qui allumait le premier cierge détaché du *Tour;* mais quand il se trouvait à Chartres quelque prince ou quelque grand personnage, le Maire lui cédait cet honneur. C'est ainsi que, le 14 mars 1789, lors de la dernière présentation du *Tour de ville*, ce fut M. le duc de Doudeauville, récemment nommé gouverneur de Chartres, qui alluma le premier cierge. On lit en effet dans le registre de l'hôtel de ville :

« Aujourd'hui samedy 14 mars 1789, 8 heures
» 1/2 du matin, fête de N.-D. de la Victoire (qui
» a été remise aujourd'hui et non lundi par
» M. l'évêque, ainsi que la procession générale,
» attendu que lundi est le jour que les trois ordres
» du Bailliage s'assemblent pour les États-Géné-
» raux, le corps de ville, précédé des deux four-
» riers, des gardes de MM. les gouverneurs,
» des tambours et musiciens, a rencontré à la
» porte de son hôtel MM. les officiers du Bailliage
» présidés par M. le lieutenant-général et pré-
» cédés de leurs huissiers. Les dites deux com-
» pagnies réunies ensemble, le Bailliage tenant
» la droite et la Ville la gauche, auroient été
» conduites à l'évêché pour prendre M. le duc

» de Doudeauville, et l'auroient amené à leurs
» têtes jusqu'à l'église cathédrale Notre-Dame de
» cette ville : où étant arrivé par la Porte-Royale,
» le Présidial se seroit rendu dans la chapelle de
» quatre heures, et le corps de ville ayant à sa
» tête M. le gouverneur auroit été conduit jusqu'à
» l'endroit de la nef vis-à-vis l'Image de la sainte
» Vierge, où étoit le nouveau tour de Bougie de
» cire jaune que la ville est dans l'usage de pré-
» senter de temps immémorial pour être consumé
» devant l'image de la sainte Vierge ; et à l'instant
» l'un des portiers auroit allumé un cierge de cire
» blanche qu'il auroit remis au plus ancien four-
» rier qui l'auroit présenté à M. Triballet du Gort,
» Maire, qui l'auroit remis aussitost à M. le Gou-
» verneur qui auroit allumé ladite bougie, pen-
» dant laquelle cérémonie les tambours et musi-
» ciens auroient battus et joués de leurs instru-
» ments ; après quoi le dit fourier avec le dit cor-
» tège auroient été déposer icelui cierge dans un
» chandelier de fer qui étoit devant la dite Image
» de la sainte Vierge (1). » Nous aimons à voir

(1) *Archives de la ville*, reg. de 1789, page 32. — Il était d'usage de dire une messe basse le jour de la présentation. En 1508, cette messe fut payée *deux* sols six deniers ; de même en 1525 ; mais on donna *trois* sols en 1531. Le sergent qui portait le Tour à l'église recevait le même honoraire que le prêtre célébrant.

ces pieux et solennels hommages rendus à la gracieuse Dame de Chartres par les hauts représentants de la cité mille fois sauvée par sa puissante protection. Ne verra-t-on plus reparaître ces beaux jours où les dépositaires de l'autorité croyaient s'honorer en honorant la Reine du ciel ?

En 1806 la Vierge-Noire fut placée par l'abbé Maillard, curé de la cathédrale, dans l'endroit où nous la voyons maintenant ; c'est-à-dire près de la porte de la sacristie. Elle repose encore sur une colonne ; mais ce n'est plus celle qui était *cavée* par les baisers des pèlerins, et qui fut brisée en 1793. La colonne actuelle est une des dix colonnes de l'ancien jubé. Cette sainte image a été faite par le célèbre Jehan Texier, dit Jehan de Beauce. Elle est peinte et dorée ; on ne peut en voir que le visage, parce qu'elle est toujours couverte d'un vêtement assez singulier : sans ce vêtement elle serait plus vénérable encore. Marie est assise sur un trône fort simple ; elle est figurée dans toute la grâce de la jeunesse ; son visage noir-brun offre l'impression de la bonté et de la candeur ; ses cheveux sont dorés ; un petit voile jaune couvre le haut de sa noble tête ; sa main droite tient une poire, et sa gauche soutient son enfant assis sur ses genoux. Son vêtement consiste en une tunique, une robe et un manteau royal : la tunique d'azur et d'or ne montre que ses manches étroites ; la robe est d'or fleuronné d'écarlate, bordée d'azur et doublée de noir ; cette robe est retenue par une ceinture rouge-pourpre ; le manteau jeté sur les épaules revient gracieusement se replier sur les genoux, et trouve pour attache, au milieu de la poitrine, une belle agrafe losangée ; il est d'azur parsemé de fleurs d'or et doublé d'écarlate ; sa bordure est aussi d'or et porte une inscription trois fois répétée, sans doute pour indiquer que chaque personne de l'auguste Trinité adresse ces paroles à la bienheureuse Vierge : *Tota pulchra es, amica mea, et macula non est in te;* — *Vous êtes toute belle, ô ma bien-aimée, et il n'y a point de tache en vous.* — Jésus qui est assis sur les genoux de sa tendre Mère, bénit de la main droite, et sa gauche s'appuie sur le globe terrestre ; sa tête est nue ; son visage est gracieux et plein d'une intelligence divine ; il est vêtu d'une tunique d'or bordée de rouge et doublée de vert. La sculpture et la peinture de cette belle statue sont irréprochables.

La sainte Image est entourée d'une boiserie soi-disant gothique, et qui a été faite en 1851, par M. Bravet. — Un magnifique autel, en style du 12e siècle, ne tardera pas à y être placé, afin qu'il soit enfin loisible d'offrir le divin sacrifice devant l'Image miraculeuse : depuis longtemps les prêtres pèlerins de Notre-Dame ambitionnaient ce bonheur. C'est à la pieuse munificence de Mgr Regnault qu'ils le devront.

La Vierge-Noire-du-Pilier était, après Notre-Dame-sous-Terre, la plus célèbre des Vierges de la cathédrale. Elle voyait chaque année à ses pieds une multitude innombrable de pèlerins qui venaient y déposer l'hommage de la reconnaissance et de la prière. Les pèlerins ne sont plus aussi nombreux qu'autrefois ; néanmoins à toute heure du jour, on voit de pieux fidèles allumer des cierges et prier devant cette image de la Mère de Dieu. Un prêtre garde constamment la sainte Madone, depuis cinq heures du matin, jusqu'à neuf heures du soir ; il récite l'évangile de Marie proclamée bienheureuse, sur la tête des zélés pèlerins et des pieux fidèles.

Depuis que l'image quatre fois séculaire de la Vierge-Noire est replacée sur son pilier, la piété des fidèles et des pèlerins s'est plu à l'enrichir et à l'orner ; c'est avec leurs deniers que l'on a élevé la boiserie aux mille clochetons et aux mille découpures qui entoure la sainte Image ; c'est leur reconnaissance qui lui a offert ce riche vêtement brodé en or et évalué à six mille francs, cette couronne et ce sceptre en vermeil, ces cœurs nombreux en vermeil ou en argent, ces deux lampes en argent massif, ces candélabres et ces chandeliers en cuivre argenté, et ces broderies, et ces vases, et ces fleurs, etc.

Deux lampes brûlent jour et nuit devant l'Image sacrée ; l'une est entretenue par les offrandes des pèlerins ; la seconde a été fondée en 1849 par Mgr. l'évêque de Poitiers, afin que la flamme rappelle à la Mère de Dieu l'ardeur de sa tendresse pour elle. L'éloquent prélat, grandi à l'ombre du sanctuaire de Notre-Dame de Chartres, a en outre voulu, dans sa fidèle dévotion pour la Vierge-Noire, placer son Image bénie dans ses armes épiscopales, afin qu'elle fût *comme un sceau toujours posé sur son cœur et sur toutes ses œuvres.* (1)

Enfin, pour terminer ce chapitre, nous dirons que la vénérable statue de la Vierge-Noire sera, au mois de mai prochain, solennellement couronnée par Mgr. l'évêque de Chartres, assisté d'un grand nombre d'autres évêques de France et de l'étranger, qui viendront ainsi offrir leurs hommages et leurs prières à Notre-Dame de Chartres. — La couronne sera en or et enrichie de pierres précieuses.

CHAPITRE SIXIÈME.

Des pèlerins de Notre-Dame de Chartres.

S'il fallait en croire certains historiens de la cathédrale, de nombreux pèlerins seraient venus,

---

(1) *Lettre pastorale de Mgr. l'évêque de Poitiers, à l'occasion de sa prise de possession.* Chartres, 1849, p. 10.

même avant la naissance de Marie, visiter la statue que les Druides lui avaient élevée à Chartres, et cette dévotion aurait été encouragée par des miracles sans nombre.

« Parmi les miracles infinis qui se firent alors, dit Vincent Sablon, les chroniques ne nous parlent que de celui qui s'opéra en la personne du fils du roi de ce temps-là. Ce fils étant tombé dans un puits, dont on le retira mort, Geoffroi, son père, roi de Montléri, fort triste et éploré, sur la connoissance qu'il avait des miracles que faisait cette Vierge qui devoit enfanter, alla dans sa grotte la prier instamment qu'il lui plût rappeler son fils à la vie. La sainte Vierge lui accorda sa prière et ressuscita son fils. Le père, pour remercier la sainte Vierge d'une si grande faveur, lui fit des présents magnifiques. Ce grand miracle augmenta infiniment la dévotion dans tous les cœurs : tout le monde accourut en foule dans cette sainte grotte, et on ne vit de tous côtés que des gens venir rendre leurs hommages à une si auguste bienfaitrice (1). »

Il va sans dire que l'on ne peut guère ajouter foi à ce récit de nos vieilles chroniques. Mais ce qui paraît plus certain, c'est que peu de temps après

---

(1) *Histoire de l'église de Chartres*, par Vincent Sablon; 1855, page 88. — Cf. Rouillard, Duparc, Pintard, Challine Doyen, etc.

la mort et l'assomption de la très-sainte Vierge, les fidèles du pays chartrain se rendaient à Chartres pour honorer la Mère de Dieu dans son image jadis érigée par les Druides. Aucun monument des premiers siècles n'en parle, il est vrai ; mais cela ne doit guère étonner, puisque les divers incendies de l'église et les ravages des Normands ont détruit tous les documents qui auraient pu nous renseigner. Cependant nous possédons quelques faits qui prouvent qu'au 6e et au 7e siècle le pèlerinage était connu au loin. C'est ainsi que saint Eman, originaire de la Cappadoce, n'est venu se fixer à Chartres, en 527, que pour servir la Mère de Dieu, honorée dans la cathédrale. A l'ombre du sanctuaire, derrière le cloître, il bâtit un petit ermitage qui fut plus tard transformé en chapelle. — Voici un autre fait raconté par Frédégaire, écrivain contemporain. En 625, un certain Godin, fils du maire du palais de Neustrie, fut accusé de complot contre la vie du roi Clotaire. Il offrit de se purger par serment, à la mode des Francs, dans les principaux sanctuaires de l'empire. Le roi accepta, mais à la condition que Chamnult et Waldebert, fidèles de Clotaire, veilleraient à sa garde. Godin avait déjà visité les basiliques de Saint-Denis et de Saint-Médard de Soissons ; ses compagnons de route lui conseillèrent, pour donner plus de force à son serment, de se rendre à Saint-Aignan d'Orléans et à Saint-Martin de Tours, *en passant par Notre-Dame de Chartres*. (1) Ainsi le pèlerinage de Chartres était, au septième siècle, compté parmi les plus célèbres.

Au huitième siècle la célébrité de l'église de Chartres nous est manifestée par plusieurs faits historiques. Sous la première race de nos rois, elle fut dotée par eux d'une grande partie de la forêt Équaline ou Yveline (la forêt de Rambouillet). Au mois de septembre 768, Pepin-le-Bref confirma cette donation (2). En 771, Carloman ajouta à ce don les métairies de Faveroles et de Néron. Par son diplôme du mois de décembre 794, Charlemagne, si dévot envers la très-sainte Vierge, consacre d'une manière plus authentique les donations de son frère. — En 834, l'empereur Louis-le-Débonnaire, et, en 840, le roi Lothaire se trouvaient à Chartres ; ils voulurent sans doute alors rendre leurs hommages à Notre-Dame et la conjurer de bénir leurs armes, car ils se préparaient l'un et l'autre à faire la guerre.

Quoique vénéré déjà depuis longtemps par toute la France, le sanctuaire de Notre-Dame de Char-

---

(1) *Chronicon Fredeg. Scholastici*, dans D. Bouquet, tome II, p. 434. — Cf. D. Bouquet, tome III, page 124, et *les Grandes Chroniques de Saint Denis*, ibid, page 283.

(2) *Diplom. Pippini regis*, D. Bouquet, tome V, p. 707.

tres le fut encore plus quand, en 867, il devint possesseur du saint Vêtement, donné par Charles-le-Chauve. Alors on vit grossir chaque année la foule des pèlerins.

En 889, le roi Eudes vint mettre son autorité précaire sous la puissante protection de la sainte Dame de Chartres. Il fut exaucé, car il mourut paisible possesseur de la couronne de France (1).

En 911, Rollon chassé miraculeusement de devant Chartres, se montra plus traitable ; il fit la paix avec Charles-le-Simple, à la fin de cette même année ; « et aiant receu le sainct Sacrement de
» baptéme, et en icelui pris le nom de Robert,
» eut une dévotion particulière à la Vierge de
» Chartres, qui contre la pensée d'icelui avoit
» moyenné son salut (2). » Aussi lui fit-il des dons considérables, et grand nombre de seigneurs normands, à son exemple, s'empressèrent, de faire de généreuses donations au sanctuaire de Notre-Dame de Chartres. Plusieurs même y vinrent pour y recevoir le baptême, et reconnaître la puissance de Celle qui leur avait fait éprouver la force de son bras en les mettant en déroute dans une bataille à jamais célèbre dans nos annales.

(1) Un de ses diplômes est daté de cette ville, le 3 des kalendes de janvier 839 (D. Bouquet, tome IX, page 451).
(2) *Parthénie*, 2ᵉ partie, fol. 26. — Cf. Chevrard, *Histoire de Chartres*, tome I, pages 312-314.

Si nous avançons d'un siècle, nous verrons tous les rois et les princes de l'Europe chrétienne se montrer à l'envi les généreux bienfaiteurs de Notre-Dame de Chartres, et mettre l'illustre Fulbert en état de lui construire une incomparable basilique. Quand la sainte grotte fut rétablie, on vit les flots de pèlerins accourir de tous les points de la France; parmi eux se trouva le roi Robert, qui offrit à Notre-Dame un gros saphir, comme nous l'avons dit plus haut. — L'héritier de sa couronne, Henri Ier, son fils, hérita aussi de sa généreuse dévotion à Notre-Dame: à peine monté sur le trône, il se dirigea vers Chartres, et pour donner une marque de sa tendre piété, il fit exécuter à ses frais les voûtes de la cathédrale, comme nous l'apprend le nécrologe de Chartres.

Le même siècle vit encore un autre pèlerin illustre de Notre-Dame : ce fut saint Gilduin, évêque élu de Dôle, comme déjà nous l'avons dit.

Le douzième siècle verra aux pieds de Notre-Dame de Chartres, trois Souverains Pontifes, deux de nos rois, un roi d'Angleterre, deux reines, et une foule de princes, de cardinaux, d'évêques, de seigneurs, avec le grand saint Bernard. Entrons dans les détails.

Le pape Pascal y fit un voyage religieux en 1104, il y passa les fêtes de Pâques. Il y revint trois ans après. L'histoire est muette sur ce qu'il y fit.

Bohémond de Tarente, prince d'Antioche, ayant obtenu la main de Constance, fille du roi Philippe 1er, choisit Chartres pour y célébrer son mariage, afin de le placer sous la douce tutelle de Notre-Dame. C'était en 1106.

En 1118, Notre-Dame reçut les hommages de Louis-le-Gros, et de ses principaux officiers. On a vu plus haut que la dévotion envers la sainte Dame de Chartres désarma son courroux, près d'éclater contre la ville.

Douze ans plus tard, Notre-Dame devait voir des pèlerins plus illustres encore. Le pontife romain Innocent II, chassé de son siége par l'antipape Anaclet, vint porter à la Consolatrice des affligés, ses tribulations et ses vœux pour la paix et l'union de l'Église. Le pape était accompagné de saint Bernard. Il officia pontificalement le jour de Noël dans la cathédrale. Peu de jours après, Henri, roi d'Angleterre, arriva à Chartres avec la plupart des évêques et des barons de ses États; il se prosterna aux pieds d'Innocent, et il lui promit, en présence de Notre-Dame, une obéissance entière pour lui et pour ses sujets. C'était le 13 janvier 1131.

Saint Bernard reparut devant Notre-Dame en 1147; il lui offrit l'hommage de ses ferventes prières et lui recommanda la croisade qu'il prêchait. Avec lui se trouvaient une foule d'évêques et de prélats, entre autres le célèbre Suger, abbé de Saint-Denis. La parole de saint Bernard fut si efficace que la plupart des barons chartrains prirent la croix en présence de Notre-Dame. C'est là que le saint fut nommé généralissime de l'armée croisée; mais son humilité refusa toujours ce dangereux honneur.

Au mois d'avril 1163, on vit, pour la seconde fois dans le même siècle, le Souverain-Pontife chassé de Rome venir se mettre sous la protection de Notre-Dame. Alexandre III arriva à Chartres avec une suite nombreuse de cardinaux et de prélats. L'évêque, Robert-le-Breton, tout le clergé et tout le peuple allèrent au-devant du Souverain-Pontife, et le conduisirent à la cathédrale avec des chants pieux et des acclamations de joie. Le pape se prosterna devant l'image vénérée de la Mère de Dieu, et y resta longtemps en prière. C'était un beau spectacle que de voir le vicaire de J.-C., le chef de l'Église, le prince auguste des pasteurs, accompagné de ses cardinaux, environné de princes, de seigneurs et d'une innombrable multitude accourue de toutes les villes et de tous les villages voisins, à genoux devant Notre-Dame de Chartres pour la supplier d'avoir pitié de l'Église alors divisée par le schisme d'un anti-pape et par les violences d'un empereur d'Allemagne.

Voici venir une reine de France, Isabelle de

Hainaut, pour rendre ses hommages à la souveraine du Ciel. Nous laissons la parole à Pintard :
« La Reyne Isabelle de Hainault, femme de Phi-
» lippe-Auguste, vint en dévotion à Chartres pour
» satisfaire à un vœu qu'elle avoit fait. S'estant
» rendue dans l'église aux pieds de l'Image de la
» sainte Vierge, elle sentit remuer l'enfant quelle
» portoit, et dont elle accoucha le 5 septembre
» 1187, qui fut le Roy Louis VIII. Quelques ma-
» nuscrits portent qu'à l'instant, en présence de
» la Reyne, quatre lampes de l'église s'allumè-
» rent d'elles-mêmes. » (1) Un poète contemporain, Guillaume-le-Breton, a célébré ce miracle dans sa *Philippide* ; il parle à Louis VIII, qui venait de monter sur le trône :

> Hœc Deus Helisabeth signo patefecit aperto,
> Cum sacrum portaret adhuc te pondus in alvo,
> Quæ Carnotensi Dominæ, dum supplicat, et te
> Ejus in ecclesia precibus commendat eidem,
> Sensit ubi primum sancto te ventre moveri,
> Cœlitus accensas in eadem quatuor hora
> Ignis corripuit nulle accendente lucernas (2).

« Voici, dit le bon Rouillard, voici en françois, ce que signifient les vers latins préalléguez :

---

(1) *Histoire chronologique de Chartres*, par Pintard.
(2) *Histoire de France*, tome VII, page 170.

De ta vertu future, Hélisabeth ta mère,
Te portant en ses flancs eut un signe prospère,
Quand priant à genoux devant le sainct autel
De la Dame chartraine, ainçois Roine du Ciel,
Et qu'invoquant pour toi cette bonne Maistresse
Elle te ressentit tressaillir d'allégresse,
Et vid un feu d'en hault sur quatre lamperons,
Te présagir l'éclair de tes nobles fleurons.

Une autre princesse, Blanche, fille du roi de Navarre et femme du comte souverain de Champagne, ne tarda pas d'imiter la dévotion de la reine de France envers Notre-Dame de Chartres.

Au mois de juin 1194, un prince de l'Église, le cardinal Mélior, légat du pape Célestin, vint recommander sa difficile légation à la glorieuse Dame de Chartres. Il n'était pas encore sorti de la ville, lorsque tout à coup un incendie se déclara et consuma la basilique de Notre-Dame élevée par Fulbert. Nous avons vu ailleurs ce que l'illustre cardinal fit pour encourager le clergé et le peuple à reconstruire un autre sanctuaire à la Reine du ciel.

Si le douzième siècle vit accourir à Chartres tant de pèlerins et de personnages illustres par leur haute position dans l'Église et dans l'Etat, le treizième amena à Notre-Dame de non moins illustres et de bien plus nombreux adorateurs. Car la sainte Vierge multiplia ses miracles à cette époque; c'est alors que l'on vit les morts ressusciter, les malades guérir, les sourds entendre, les muets parler, les aveugles voir, les boiteux se redresser; car Notre-Dame donnait assistance à tous ceux qui l'invoquaient à Chartres :

> Les sors oir, les mux parler,
> Les orbz voair, les tors aler,
> . . . .
> Car à tous ceuls donnoit aie
> Qui la requeroient a Chartres. (1)

La renommée de ces miracles se répandit non-seulement dans toutes les provinces de France, mais encore dans toute l'Europe; aussi vit-on arriver des pèlerins de toutes parts, du fond de l'Italie, de l'Espagne, de l'Angleterre, de l'Allemagne (2). Pendant la construction de la splendide cathédrale que nous admirons encore, « il y avoit tant de pèlerins par voies et par chemins que c'étoit merveille; chaque nuit ils veilloient dans l'église; ils étaient si nombreux qu'ils ne pouvoient y tenir tous; la plus grande partie étoit

---

(1) *Poème des miracles*, page 39.

(2) Gérard, écrivain du 13ᵉ siècle, parle des Allemands venant en pèlerinage à Notre-Dame de Chartres; il raconte même un miracle opéré en leur faveur (Vitæ S. Domin. lib. II, cap. 10). — Cf. Lacordaire, *Vie de saint Dominique*; — Rohrbacher, *Histoire de l'Église*, tome XVII, p. 503.

même obligée de se tenir dans le cloître. Tout étoit si rempli de pèlerins et de pèlerines que les chanoines se rendant à Malines ne pouvoient traverser le cloître. De tous les pays d'alentour les curés, suivis de tous leurs paroissiens, venoient en procession, demeuroient une nuit à Chartres et veilloient dans le cloître ou dans l'église; ils chantoient à haute voix les louanges de Dieu et de Notre-Dame (1). » Voilà ce que nous apprend un chanoine contemporain de cet admirable élan, de ce saint empressement à honorer la Reine du ciel par un pèlerinage à Chartres. C'est à cette époque surtout que les fidèles, dans leur foi naïve et forte, goûtaient le charme des pèlerinages, qu'ils en savouraient la gracieuse et suave impression et qu'ils en recueillaient les fruits abondants et salutaires. Nos aïeux aimaient à entreprendre ces saints voyages, frappante image du grand pèlerinage du temps à l'éternité. C'étaient leurs fêtes les plus belles et leurs joies les plus pures.

Ces nombreux pèlerins du 13e siècle ne venaient pas à Chartres les mains vides : ils aimaient tendrement la Reine des cieux ; et quand on aime, on se plaît à enrichir l'objet aimé.

---

(1) *Poème des miracles*, page 40.

Lors vinrent gens de toutes parts
Qui en charrettes et en chars,
Grans dons à l'église aportoient,
Qui à l'œuvre mestier avoient ;
Froment aportoient les uns,
Les autres aveine, orge ; les uns
Fer et plomb extrait de minières,
Les autres vins blancs et vermaus (rouges),
Les autres anneaux d'or et fermaus (colliers et agrafes).
D'autre part revenoient gens
Qui offroient joyaux d'argent,
Hennas, coupes, vessellemente (vaisselle) ;
Et l'on mettoit le tout en vente,
De tout ce l'on tiroit deniers,
Qui se donnoient aux ouvriers
Dont il y avoit grant plente (abondance) (1).

Ce ne fut pas seulement le peuple qui s'ébranla pour servir et enrichir Notre-Dame de Chartres ; les rois, les princes, les guerriers illustres, les grands de la terre vinrent à la suite du peuple. En effet, parmi ses dévots et généreux serviteurs de ce temps-là, on compte Philippe-Auguste, Louis VIII, saint Louis et Philippe-le-Hardi, rois de France ; saint Ferdinand, roi de Castille, Richard-

---

(1) *Poëme des miracles*, page 40. Ici encore j'ai rajeuni l'orthographe du chanoine trouvère ; ce que dorénavant je ferai pour tous les extraits de son poëme que je citerai sans en offrir la traduction. — Les savants pourront voir l'orthographe originale dans le Poëme même.

Cœur-de-Lion, roi d'Angleterre; les reines Blanche de Castille, Marguerite de Provence et Jeanne de Dammartin; la B. Isabelle de France, sœur de saint Louis et fondatrice de l'abbaye de Longchamp; Philippe de France, comte de Boulogne et oncle de saint Louis, sa femme la comtesse Mahaut, et sa fille Jeanne, comtesse de Chartres; Pierre de Courtenay, petit-fils du roi Louis-le-Gros, couronné empereur de Constantinople en 1220, et Raoul de Courtenay, Gervais, comte de Chateauneuf (1), son frère; Bauchard de Marly, des barons de Montmorency; Henri Clément, seigneur du Mez, dit le Petit-Maréchal, un des braves capitaines de Philippe-Auguste (2); le cardinal Étienne, archevêque de Cantorbéry, et une

(1) A son retour de Constantinople, en 1205, le comte Gervais vint remercier Notre-Dame de l'avoir préservé durant la Croisade; il lui offrit le chef de saint Mathieu, qui resta longtemps dans le trésor de la cathédrale, et qui se trouve actuellement au monastère de la Visitation de Chartres.

(2) Lorsque le brave maréchal se sentit sur le point de mourir, il donna tout ce qu'il possédait aux pauvres; mais voici un messager du roi qui lui apprend la journée de Bouvines. Ne possédant plus rien, il donne alors au messager royal son cheval de bataille et sa noble épée réservée à son fils. (*Histoire de Saint-Louis*, par le marquis de Villeneuve, tome I, page 337).

multitude d'autres seigneurs et prélats. Tous voulurent que le sanctuaire de Notre-Dame de Chartres fût le plus riche et le plus auguste de l'univers.

Non-seulement Richard-Cœur-de-Lion fit des libéralités pour subvenir à la construction du sanctuaire de Notre-Dame; il y ajouta encore un acte de dévotion et d'humilité, qui étonne dans un prince aussi orgueilleux; mais à cette époque les ames les plus altières aimaient à s'abaisser devant Notre-Dame. Voici comment la chose est racontée par le Poëme des miracles : « Quand le roi Richard eut
» entendu raconter les miracles de Notre-Dame
» de Chartres, il eut pour son sanctuaire une très-
» grande révérence; il fit favorable réception aux
» quêteurs de Chartres et leur donna plein pou-
» voir de prêcher et de quêter dans son royaume,
» bien qu'il fût alors en guerre avec le roi de
» France, Philippe-Auguste. Par humilité et dé-
» votion, il voulut pendant un jour porter sur ses
» épaules royales la châsse aux saintes reliques
» que les quêteurs avoient prise avec eux (1).

Nous avons dit ailleurs que le roi Philippe-Auguste voulut, en 1210, faire le voyage de Chartres pour y vénérer Notre-Dame; c'est alors qu'il passa sous la sainte Châsse.

L'illustre Blanche de Castille, mère de saint

---

(1) *Poëme des miracles*, pages 141 et 142.

Louis, se fit un devoir et une consolation de venir souvent passer plusieurs heures en oraison devant l'Image de Notre-Dame. Dans un de ses pieux voyages, elle assista à la première messe conventuelle qui fut chantée au couvent des Jacobins de Chartres ; c'était le jour de la Fête-Dieu 1231.

Saint Louis, le plus grand de nos rois, marcha sur les traces de sa mère dans cette noble carrière de dévotion et de piété envers Notre-Dame de Chartres et son auguste sanctuaire : il fit élever à ses frais le splendide porche septentrional ; il donna de nombreuses verrières, il y fonda deux autels, celui des Anges et celui des Vierges, et voulut qu'on y célébrât chaque jour le saint sacrifice à son intention. Ce grand roi parut plus d'une fois à Chartres : en 1255, il s'y trouvait avec le roi d'Angleterre et une foule de grands seigneurs. Le 17 octobre 1260, il assistait à la dédicace solennelle du temple que sa royale munificence avait doté de tant de richesses artistiques. A cette occasion il voulut demander et obtint du pape Alexandre IV des indulgences pour les fidèles et les pèlerins qui visiteraient le saint temple, depuis le jour anniversaire de sa consécration jusqu'à la fête de Noël. Le bref pontifical se lit dans la *Gallia Christiana* (1).

(1) *Gallia Christiania*, tome VIII, page 370, de Instrumentis.

Un frère du grand et saint roi, Alphonse de France, comte de Toulouse et de Poitiers, fit également acte de généreuse piété envers Notre-Dame; il fonda dans la cathédrale l'autel de saint Thibaut et le dota de vingt livres de rente annuelle.

Les premières années du 14ᵉ siècle virent aux pieds de la sainte Dame de Chartres, le roi Philippe-le-Bel, encore tout couvert de la poussière et du sang des combats de Mons-en-Pevèle. Ce valeureux prince ne regarda pas comme indigne de son courage de venir courber la tête devant Marie, et de lui rendre grâces de la victoire qu'il venait de remporter sur les ennemis de la France. Comme gage de sa reconnaissance, il lui offrit les armes et les vêtements qu'il portait à cette journée mémorable. C'était l'accomplissement d'un vœu fait sur le champ de bataille. Avant de quitter le sanctuaire de Marie, le monarque participa au sacrement du corps et du sang adorable de J.-C., et il fonda un service solennel sous le nom de Notre-Dame-des-Victoires, à célébrer chaque année le 17 août, anniversaire de ce glorieux succès. « Et pour une
» perpétuelle mémoire, dit Rouillard, tous les
» ans, le jour de la dicte solemnité, la coustume
» est de pendre au poulpitre du costé de la nef,
» toutes les dictes armes par lui offertes à l'église :
» sçavoir son casque couronné et doré, sa cuirasse,
» sa jacque de maille, sa cotte d'armes de velours

» violet cramoisy, semée de fleurs de lis d'or,
» trois devant, trois derrière, sa camisole qu'il
» mettoit soubs ses armes, qui est cottonnée et de
» satin incarnat, ses gantelets, son espée avec le
» pendant et la ceinture, ses brassars et cuis-
» sars (1). » Le service a été supprimé par la fatale
révolution de 1793.

Le roi Charles-le-Bel vint deux fois en pèlerinage à Notre-Dame de Chartres; une première fois, avec le roi son père en 1304; il n'avait alors que dix ans, et il y laissa le petit ornement de guerre qu'il portait à la journée de Mons-en-Pevèle. Il y reparut vingt ans plus tard pour mettre sa couronne et son règne sous le glorieux patronage de Notre-Dame.

En 1328, le roi Philippe de Valois, après sa fameuse victoire Cassel, vint rendre ses actions de grâces à Notre-Dame de Chartres; il était accompagné d'une suite nombreuse d'officiers et de grands seigneurs. Il fit ses dévotions devant l'Image de la Mère de Dieu, non sans laisser des marques abondantes de sa libéralité. — L'année suivante, le roi très-

---

(1) *Parthénie*, 1re partie, fol. 178. — Voyez sur ces armures une intéressante Notice de M. Lejeune, dans l'*Histoire de Chartres* de M. de Lépinois, tome I, p. 527. — Le musée de Chartres renferme aujourd'hui quelques pièces des armures de Philippe-le-Bel et du prince Charles, son fils.

chrétien avec tous les princes de sa cour, se retrouva aux pieds de Notre-Dame, et approcha avec piété du banquet divin. — En même temps il assista au mariage de Jean, duc de Bretagne, avec Jeanne, fille du duc de Savoie, mariage que les jeunes époux avaient voulu contracter sous les heureux auspices de la sainte Dame de Chartres.

Celui qui a dit cette belle parole, que *si la justice et la bonne foi étaient bannies du reste de la terre, elles devraient encore trouver un asile dans le cœur des rois*, le roi Jean hérita de la filiale piété de son père pour Notre-Dame de Chartres. Il vint trois fois lui offrir l'hommage de ses prières et de ses libéralités : ses pieux voyages eurent lieu en 1351, 1356 et 1361. Son dernier pèlerinage, qu'il voulut faire à pied, le bâton du pèlerin à la main, avait pour objet de remercier la sainte Mère de Dieu de son heureuse délivrance de la captivité d'Angleterre. Il y laissa alors son bourdon de pèlerin, qui servit depuis de bâton cantoral dans l'église de Chartres. L'inventaire de 1682 le décrit en ces termes : « Un bâton de Brésil (haut de 5 » pieds 5 pouces), virolé d'argent en plusieurs en- » droits; au haut une grosse fleur de lis en ver- » meil. C'est le bourdon que le roi Jean portait » en ses pèlerinages. » — Dans ses lettres patentes, données devant Notre-Dame, au mois d'août 1356, il dit « que l'église de Chartres a été fon-

» dée depuis fort longtemps, savoir du vivant
» même de la bienheureuse Vierge Marie ; comme
» il est écrit dans les anciens livres de la dite
» église ; cette glorieuse Vierge a même choisi
» cette église pour sa demeure spéciale, comme
» il a été révélé par maints miracles (1). »

Nous avons déjà raconté le pieux pèlerinage que firent à Notre-Dame de Chartres Edouard, roi d'Angleterre, et son fils le prince de Galles ; ils étaient accompagnés des principaux officiers de l'armée anglaise. Le roi et la plupart de ses officiers s'assirent à la table des anges, et passèrent sous la sainte Châsse, le 8 mai 1360.

En 1366 et en 1367 eurent lieu les pèlerinages du roi Charles V. Ce prince si sage, si admirable dans sa piété, les fit pieds nus, demandant à Dieu et à Notre-Dame de veiller sur son royaume. Il fut exaucé, puisqu'il eut le bonheur de réparer les grandes calamités des règnes précédents. Parmi les dons précieux qu'il fit à Notre-Dame de Chartres, on admira surtout un camée antique,

---

(1) Quodque ecclesia prædicta fuerit ab antiquissimo tempore fundata, videlicet adhuc vivente Beatâ Mariâ Virgine gloriosâ : sic scriptum est in libris antiquis ecclesiæ prælibatæ, quamquidem ecclesiam ipsa Virgo gloriosa elegit pro suâ camerâ speciali ; prout fertur fuisse per multa miracula revelatum.

comme nous l'avons dit plus haut. — Nous avons encore ses lettres patentes, données en l'église de Chartres, au mois de juillet 1567 ; en voici la teneur :

« Nous, Charles, estans venus en l'église de
» Chartres, estans dévotement devant l'image de
» Nostre-Dame. Considérans les beaux, grands et
» notables miracles, que nostre Seigneur Dieu
» faict de jour en jour en ladicte église, à l'hon-
» neur de la glorieuse Vierge Marie ; et aussi pour
» la très grande et très espéciale dévotion que
» toujours avons eue et avons à icelle et à ladicte
» église ; et que nous avons ferme espérance que,
» par ses prières et intercession, l'estat de Nous
» et de nostre Royaume, soit et demeure doresen-
» vant en greigneur paix et prospérité. — Avons
» offert humblement et dévotement donné et oc-
» troïé libéralement, de nostre propre mouvement
» et par la teneur des présentes, offrons, donnons
» et octroyons à la glorieuse Vierge Marie, de
» grâce spéciale et certaine science, de nostre
» authorité et pleine puissance roiale, que dé-
» sormais les dicts Doien, Chanoines et Chapitre,
» ressortissent directement, pour toutes leurs
» causes en nostre Parlement, etc. » (1)

Avant de continuer ma course dans l'histoire des pèlerins illustres de Notre-Dame, je veux trans-

(1) *Parthénie*, 1re partie, fol. 122.

crire ici quelques lignes de Rouillard qui ont trait à mon sujet : « Ce bon roi Charles, dit-il, porta
» tant de dévotion à l'église de Chartres qu'il fonda
» trois obits solennels en icelle, lesquels on y
» voit encores célébrer de présent, par chascun
» an, et avec telle recommandation de sa saincte
» mémoire, qu'encores que plusieurs autres rois y
» en aient pareillement fondé, qui se disent aussi
» à leurs jours ordinaires : si est-ce que ceux dudit
» Charles portent spécialement le tiltre d'obits
» du Roi, comme si autre que lui n'y en avoit
» fondé (1). »

Les frères du roi Charles V, Louis, duc d'Anjou, Jean, duc de Berri, et Philippe-le-Hardi, duc de Bourgogne, et tige de la nouvelle maison souveraine de ce nom, doivent aussi être comptés parmi les dévots et généreux pèlerins de Notre-Dame de Chartres. Le duc de Berri surtout se montra son plus dévoué vassal ; chaque année le voyait dans l'auguste sanctuaire de Chartres, qu'il enrichit de ses pieuses offrandes. L'inventaire de 1682 en mentionne quelques-unes : « 1° Une vierge d'or
» ayant un grand manteau émaillé de bleu et à
» cause cela nommée Notre-Dame-Bleue.... don-
» née en 1404. — 2° Un grand reliquaire d'or
» ovale, posé sur le haut d'une colonne de ver-

(1) *Parthénie*, 2ᵉ partie, fol. 22 et 25.

» meil, semée de fleurs de lis, soutenu par deux
» anges à genoux sur une grande base à 8 pans,
» aussi de vermeil. Il y a, entre autres reliques, du
» bois de la vraie Croix. Hauteur de tout le reli-
» quaire, 23 pouces. L'or de l'ovale et du tableau
» de la vraie Croix estimé 800 livres ; l'ovale et la
» colonne estimés 200 écus sol. Les anges et la
» base dorés pèsent 27 marcs 6 onces. Au-dessous
» de l'ovale est un rubis d'un très-grand prix,
» dans un châton d'or. Estimé en 1562, par ordre
» du roi, à 80 écus. Ce beau reliquaire fut donné
» par le bon duc Jean de Berry en 1406. — 3° Un
» reliquaire de vermeil doré (hauteur 15 pouces),
» contenant un morceau d'une ceinture de la sainte
» Vierge, un morceau d'une côte de saint Louis ;
» une petite boite d'or où l'on voit du lait de la
» Vierge, naturel mais caillé et séché ; un pouce
» de la main droite de saint Louis de Marseille,
» archevêque de Toulouse, cousin de saint Louis,
» donné en 1410 par le duc de Berry, qui l'avoit
» eu du roi de Sicile, son neveu. — 4° Un grand
» tableau en broderie, de 13 pieds de longueur
» sur 8 de hauteur, représentant l'Assomption de
» la sainte Vierge ; au bas, d'un côté, est le roi
» avec deux de ses fils, Charles et Louis d'Anjou ;
» et, de l'autre côté, la reine Bonne de Luxem-
» bourg, sa femme, accompagnée de deux de ses
» filles. L'ouvrage est une broderie extrêmement

» relevée; les vêtements sont d'or nué, enrichis
» de pierreries et de perles. Les carnations sont
» d'un point refendu plus fin que le satin. Le duc
» de Berry en fit présent en 1406, pour servir de
» retable au grand autel. Il a coûté 10,000 écus. »

Dans son inépuisable générosité envers Notre-Dame le prince lui donna encore d'autres riches et précieux joyaux. « Le Chapitre lui en fit un remer-
» ciement solemnel, l'asseura de son affection pour
» lui, et de la fondation faicte en sa faveur, d'une
» messe solemnelle à dire au grand autel, le len-
» demain de la saint André, tant qu'il vivroit;
» avec ordonnance, qu'après son trespas, elle seroit
» convertie en obit annuel, selon qu'il appert par
» le registre capitulaire du mercredi 18 aoust
» 1406 (1). »

Le roi Charles VI suivit les nobles traces de son père et de ses oncles : comme eux il fut un dévoué serviteur de la sainte Dame de Chartres. Il n'oublia jamais que, dans sa première enfance, il avait été guéri par elle ; déjà la maladie l'avait mis près des portes de la mort, lorsque le roi son père le consacra à Notre-Dame de Chartres; il fut presque instantanément rendu à la santé. Aussi vint-il souvent, avant sa longue et déplorable folie, visiter sa libératrice. Ce fut par une humble piété

(1) *Parthénie*, 1re partie, fol. 209.

envers elle, qu'il voulut, en 1394, accompagner le nouvel évêque de Chartres et assister à son intronisation solennelle.

Le quinzième siècle manifesta aussi sa piété à l'égard de la divine Dame de Chartres. Ses premières années virent réunis devant Elle le roi et la reine de France, le dauphin et la dauphine, les ducs de Bourgogne, de Bourbon et de Berry, le jeune duc d'Orléans et son frère le comte des Vertus, le cardinal de Bar, l'archevêque de Sens, avec une foule d'autres prélats et seigneurs français; le 3 mars 1409 fut témoin de ce solennel hommage rendu à Marie. — Ces princes et ces personnages distingués se trouvaient à Chartres pour la réconciliation des deux familles royales de Bourgogne et d'Orléans.

Parmi les milliers de pèlerins du 8 septembre 1412, on remarqua l'évêque de Tréguier, et le duc de Bretagne, entouré « de ses chevaliers, chambellans, chappellains, gens et officiers (1). »

Le plus dévôt et le plus généreux pèlerin du 15ᵉ siècle fut un prince français, tige de la branbre royale de Bourbon-Vendôme, dont est issu Henri IV. « S'étant trouvé en grands périls de sa vie à la guerre, et ensuite dans une rude prison de neuf ou dix mois, dont il échappa par une pro-

(1) *Parthénie*, 1ʳᵉ partie, fol. 174.

tection visible de la sainte dame de Chartres, à laquelle il s'étoit voué, vint, avec un appareil pieusement magnifique, lui rendre ses actions de grâces et s'acquitter de son vœu. Il y arriva le mercredi, 31 mai 1415, veille de l'Ascencion ; ayant rencontré la procession des Rogations à la porte des Epars, il mit pied à terre, lui et toute sa suite, qui étoit composée de plus de cent chevaliers et écuyers, et convoya ladite procession jusqu'à la cathédrale, où il entendit tout l'office du jour.

« Le lendemain, à l'issue de Matines, pour satisfaire au vœu qu'il avoit fait, il s'en alla pieds nus jusqu'à l'église, s'agenouilla sur les degrés de la porte royale, tenant en main un grand cierge pesant cinquante livres ; là il déclara, devant les chanoines et le peuple assemblé, de quelle manière, par l'intercession de la sainte Vierge, il avoit été délivré des périls de sa vie et dégagé de sa prison. En même temps il supplia l'assistance de vouloir lui aider à remercier dignement ladite glorieuse Vierge Marie. S'étant relevé, il se rendit devant l'image de Notre-Dame, et déclara solennellement que désormais il étoit devenu et devenoit, de sa personne, homme de la dite glorieuse Vierge Marie et de sa dite église. Alors les chanoines chantèrent l'hymne *O quam gloriosa* ; et le comte de Vendôme offrit le gros cierge qu'il portoit, et cent autres petits cierges que tenoient les chevaliers et écuyers de sa suite. Puis s'étant rendu dans la chambre capitulaire, il raconta aux chanoines comment son frère, Jacques de Bourbon, fondit tout-à-coup sur le Vendômois avec une nombreuse armée et le fit prisonnier; comment sous les menaces de mort il avoit fait abandon de ses biens et héritages; comment il fut délivré miraculeusement de prison et remis en possession de ses biens, après avoir fait un vœu à Notre-Dame de Chartres.

« Ce vœu consistoit à faire un voyage de dévotion à Chartres et à y faire ériger une chappelle (c'est la chapelle qui est appelée la *Chapelle de Vendôme*). Le comte exécuta son vœu, fit de riches offrandes au sanctuaire de Notre-Dame, fonda cinq services solennels à dire le lendemain des cinq fêtes de la glorieuse Vierge Marie, c'est à savoir de l'Assomption, de la Nativité, de la Conception, de la Purification, et de l'Annonciation de Notre-Dame; pour lequel service il assigna 65 livres tournois de rente perpétuelle; et en outre, une messe solennelle chacun an, en l'honneur de la sainte Vierge, pendant sa vie, laquelle seroit convertie en un obit annuel après sa mort. (1) »

Lorsqu'en 1418 la ville de Chartres tomba au pouvoir des Anglais, Notre-Dame leur inspira une

---

(1) Récit emprunté de Rouillard, de Souchet, de Pintard, et du *Tableau historique du Vendômois*.

généreuse piété ; ils lui firent de riches offrandes, parmi lesquelles on distinguait surtout un magnifique ostensoir en or massif. C'est de cet ostensoir que parle Rouillard, quand il dit : « Il se void
» au thrésor de Nostre-Dame, partie avec joie,
» partie avec tristesse, une pièce d'excellente or-
» fevrerie, qui sert à porter le Corps de Nostre
» Seigneur, laquelle est toute d'or massif, enri-
» chie de force pierreries, jadis donnée par les
» Anglois, lorsqu'ils occupoient Chartres. Pour
» cette cause, ai-je dit, qu'elle se void partie avec
» joie, puisqu'au moins quelque ennemis qu'ils
» fussent, ils tenoient la droite religion. Et par-
» tie avec tristesse, pour ce que lors ils grevoient
» la dicte ville ; qu'aussi de présent s'estant alié-
» nez de la foi de leurs pères, et ayant voulu abo-
» lir la révérence due au dit saint Sacrement,
» leurs dits pères, s'ils revenoient au monde, les
» désadvoueroient à fils. Malheureuse engeance !
» Que Dieu, si tu en es digne, te remette en la
» voie ; ou viens à Chartres rougir de honte voiant
» un don faict par tes devanciers. (1) »

Voici venir en pèlerinage l'archevêque de Tours, qui laisse le reliquaire des trois Marie ; l'amiral de Grasville, qui donne un magnifique calice en vermeil ; et le cardinal Perrault, qui offre un riche

(1) *Parthénie*, 1re partie, fol. 210.

reliquaire de vermeil contenant les précieux restes de sainte Amplonie.

Le roi Louis XI, généreux émule de la dévotion de ses ancêtres pour Notre-Dame de Chartres, vint la visiter en 1462, en 1467, en 1477 et en 1479. Chaque fois il participa aux saints mystères, passa de longues heures devant l'image de la **Mère de Dieu**, et lui fit de riches offrandes. Il fonda dans la cathédrale un obit annuel et une messe quotidienne pour le repos de son ame. — Il est vrai que les pèlerinages de ce prince n'eurent pas toujours la religion pour motif, et qu'il se servit quelquefois du prétexte de ces voyages de dévotion, pour exécuter, chemin faisant, au moyen de son escorte militaire, les coups injustes et audacieux de sa politique. Mais ses pèlerinages de Chartres furent vraiment des voyages de dévotion, et personne n'eut alors sujet de dire : *On ne vit jamais un tel pèlerin.*

Le roi Charles VIII, qui *étoit si bon qu'il n'étoit pas possible de voir meilleure créature*, hérita de la dévotion de son père envers Notre-Dame de Chartres; il lui offrit ses hommages en 1485.

La reine-duchesse, Anne de Bretagne, vint plusieurs fois prier longuement devant l'image de Notre-Dame. Elle laissa plus d'un gage de sa pieuse libéralité. C'est elle qui donna la magnifique ceinture qui entourait la sainte Châsse. Dans

son pèlerinage de 1510, elle voulut donner une cloche. « Pendant qu'elle faisait ses dévotions, la
» reine fut ravie de la voix d'un jeune enfant de
» chœur du Chapitre, nommé Le Febvre. Elle le
» demanda à MM. du Chapitre qui l'accordèrent;
» et, en les remerciant, elle leur dit : Messieurs,
» vous m'avez donné une petite voix, et moi je veux
» vous en donner une grosse. Ce qu'elle fit en
» leur donnant la cloche qui s'est toujours depuis
» appelée de son nom. (1) »

Le bon roi Louis XII, père du peuple, vint le 16 janvier 1502, faire ses dévotions à Notre-Dame de Chartres. Il fut reçu avec une pompe inusitée. Georges d'Amboise, archevêque de Rouen, légat du Saint-Siége et premier ministre du roi, l'accompagnait, ainsi qu'une foule de prélats et de seigneurs.

Seize ans plus tard, le 19 novembre 1518, on vit à Chartres le roi François Ier, la reine Claude et la reine-mère, Louise de Savoie. Sa première visite fut pour Notre-Dame; il y fit ses dévotions avec toute sa cour; il se rendit ensuite à l'hôtel de ville.

En février 1520, le cardinal de Bourbon, alors évêque du Mans, entreprit le pèlerinage de Char-

---

(1) *Notice historique sur la sonnerie de la cathédrale de Chartres*, par Mgr Pie, évêque de Poitiers, page 10.

tres, pour se recommander, lui et son troupeau, à la sainte Mère de Dieu et des hommes. Il eut la dévotion d'y célébrer pontificalement. « Monsieur
» le cardinal de Bourbon, par permission expresse
» des doiens, chanoines et Chapitre, célébra la
» grand messe en habit pontifical, assisté de deux
» diacres, deux soubs-diacres, et quatre chanoi-
» nes tenans chœur, presens les doien et Chapitre,
» qui de leur ordonnance se tinrent debout, la
» face tournée vers le grand autel, quand ledit
» sieur Cardinal leur bailla sa bénédiction. (1). »

En 1531, la reine Aliénore ou Eléonore visita Notre-Dame avec une suite nombreuse, y fit ses dévotions et assista deux jours de suite aux offices. Une autre reine, Marie de Lorraine, épouse de Jacques IV, roi d'Ecosse, vint se mettre sous la gracieuse et puissante protection de la sainte Dame de Chartres, en 1537.

Vingt ans plus tard, un généreux évêque vint rendre ses hommages à Notre-Dame, et lui faire de riches offrandes. L'inventaire de 1682 mentionne surtout un tableau « ayant 15 pieds de
» long sur 7 à 8 pieds de haut, représentant l'his-
» toire de la passion et de la résurrection de J.-C.
» Cet ouvrage est admirable et d'un dessin beau-
» coup plus moderne que celui du roi Jean. Il est

---

(1) *Parthénie*, 1ʳᵉ partie, fol. 183.

» d'or nué en broderie mêlé de différents points ;
» les contours et le bord des draperies sont enri-
» chis de perles fines ; il y en a trois extraordi-
» nairement grosses, qui forment la tête des clous
» avec lesquels le Sauveur est attaché sur la croix.
» Le cadre qui est d'architecture faite de point
» traîné, est aussi rempli de perles. Il fut donné,
» le 12 avril 1556, par M. François Bohier, évê-
» que de Saint-Malo, chanoine et prévôt de Nor-
» mandie en l'église de Chartres. »

En 1550, Henri II, conduit par une sincère dévotion envers Notre-Dame, se rendit à Chartres pour lui rendre grâces des succès que ses armes avaient obtenus contre les ennemis de la France ; et son pèlerinage est un des plus mémorables par la pompe qui l'accompagna. Le roi avait été précédé de ses jeunes enfants, François, dauphin, Charles, duc d'Orléans, et Elisabeth de France ; de Marie Stuart, alors âgée de 8 ans et plus tard reine infortunée d'Ecosse. Henri arriva le 17 novembre avec les cardinaux de Lorraine et de Châtillon, le duc de Guise, et une foule de prélats et de grands seigneurs français. Il fit son entrée par la porte Drouaise, marchant à pied, sous un dais, suivant les rues Muret et le vieux marché aux chevaux ; toutes les maisons étaient tendues de tapisseries jusqu'à la cathédrale, où il fut reçu par l'évêque Louis Guillard et tous les chanoines revêtus de chapes précieuses. Quelques heures après le roi, on vit arriver la reine Catherine de Médicis, la princesse Marguerite de France, la duchesse de Guise, la fameuse Diane de Poitiers, et un grand nombre d'autres dames de la cour. Tous se montrèrent heureux de déployer une filiale dévotion envers la Vierge pure, qui aime à s'appeler la Dame de Chartres.

Plus tard, le 14 août 1559, Notre-Dame vit à ses pieds Antoine de Bourbon, roi de Navarre, qui hélas! se fit, quelques années après, le chef des Huguenots. Le roi y passa la fête de l'Assomption; comme il assistait à la grand'messe de la cathédrale, le seigneur de Maintenon présenta, selon un antique usage, un épervier à l'offrande; les chanoines en firent présent au roi, « qui le reçut, dit Souchet, avec de grands témoignages de satisfaction. »

Au mois de juillet 1562, la piété amena devant l'auguste Image de Marie, le roi Charles IX et les ducs d'Orléans et d'Angoulême. Le 6 janvier 1563, Charles revint à Chartres et y résida pendant trois semaines, donnant chaque jour des marques de sa dévotion envers Notre-Dame. Deux ans après, le roi fit un troisième pèlerinage à Chartres. Ce fut pendant son séjour en cette ville qu'il publia l'édit portant que désormais l'année commencerait le 1er janvier, et non plus à Pâques, comme par le passé.

L'année 1568 vit des Français conduits par le prince de Condé se diriger vers Chartres, non plus comme de pieux pèlerins, mais comme des ennemis ; non plus la prière sur les lèvres, mais les armes à la main ; non plus pour offrir des dons solennels, mais pour enlever, s'ils le peuvent, les riches présents du passé. Mais la puissante Dame de Chartres brisa leurs sacrilèges cohortes ; ils comprirent alors

> Qu'attaquer la Vierge Mère,
> Que dans ce lieu on révère,
> C'est braver le Tout-puissant. (1)

Le 24 octobre 1577, on admira à Chartres la piété de deux reines de France, Catherine de Médicis et Louise de Vaudemont ; elle passèrent plusieurs heures en oraison devant l'image de Marie ; leur brillant cortège fut heureux d'imiter leur filiale dévotion envers la sainte Dame de Chartres.

Aucun règne peut-être ne fut plus agité que celui de Henri III ; durant 25 ans qu'il occupa le trône, il ne vit guère briller un seul jour serein. C'est là sans doute ce qui multiplia ses pèlerinages à Notre-Dame, envers qui il était animé du plus tendre amour : il vint dix-huit fois faire ses dévotions dans le sanctuaire de Chartres. Nous ne raconterons

---

(1) *Notice historique sur Notre-Dame de la Brèche*, par Mgr Pie, évêque de Poitiers. Chartres, 1843 ; page 63.

ici que son pèlerinage de 1582 et celui de 1584; voici comment Chevard parle du premier :

« La reine de France, pour accomplir un vœu qu'elle avoit fait à la Vierge de Chartres, arriva en cette ville le 1er février. Elle étoit partie de Paris, à pied, dès le 26 janvier, avec plusieurs seigneurs et dames de la cour.

« Le roi, animé de la même dévotion, la suivit aussi à pied, et arriva le même jour sur les sept heures du soir, accompagné du cardinal de Guise, des ducs de Joyeuse, d'Aumale, de Mercœur, et autres princes et seigneurs.

« Le lendemain, jour de la Purification, toute la cour assista à la grand'messe dans l'église cathédrale, où le roi et la reine communièrent par les mains de l'évêque de Chartres. Le roi alla à l'offerte, et s'y tenant à genoux, fit présenter par les ducs d'Aumale et de Mercœur un calice d'argent doré, un vase d'argent en forme d'horloge, une croix d'émeraudes enchassée d'or et garnie de perles avec un tableau d'ambre gris, représentant la Vierge couronnée d'or et de perles, tenant son fils sur ses genoux, et dont les visages et mains étaient d'ivoire. (1) »

C'est encore à Chevard que nous empruntons le récit du pèlerinage de 1584 :

(1) *Histoire de Chartres*, par Chevard, tome II, p. 393.

« Le Roi Henri III, qui avoit institué la confrèrie des Pénitents au commencement de l'année 1583, arriva à Chartres le 13 mars 1584, accompagné de plusieurs princes, cardinaux et seigneurs de la cour, tous de la même confrèrie, revêtus comme lui d'habits blancs en forme de sacs, et d'un capuchon de même étoffe, qui leur enveloppoit la tête, et n'ayant que de petites ouvertures pour les yeux et la bouche. Ils portoient chacun un grand chapelet et un fouet de cordes nouées à la ceinture. Ces illustres pénitents partis de Paris le 6, marchant presque tous à pieds nus, arrivèrent le 13 au soir.

« On avoit dressé un autel dans un des faubourgs de la ville, au bas de la croix du cimetière de Saint-Barthélemi. Cet autel étoit paré de reliques et de cierges allumés; toute la place étoit garnie de siéges couverts d'étoffes blanches. La procession qui s'étoit reposée à Nogent-le-Phaye, fit une station devant cet autel, où le clergé de la ville, en chapes, vint la recevoir : de là chacun marcha en bon ordre dans les rues toutes tapissées depuis le cimetière jusqu'à l'église cathédrale.

Douze Minimes marchoient les premiers, quatre Capucins les suivoient : les Chantres de la confrérie vêtus comme les pénitents, avec une petite croix attachée sur leur habit, précédoient ces religieux. Un pénitent, nu-pieds, portoit une grande croix. D'autres chantres ou musiciens tenoient le milieu de la procession, et chantoient les litanies. Les pénitents en grand nombre les suivoient en répondant *ora pro nobis*. L'évêque, en habits pontificaux, fut, à la tête de son Chapitre, les recevoir à la principale porte de l'église. Tous en entrant dans l'église se prosternèrent jusqu'à terre pour recevoir la bénédiction du prélat. Ils entrèrent ensuite, deux à deux, dans le chœur, où ils chantèrent vêpres et les complies, après avoir posé leur croix sur le maître-autel.

« Le lendemain ils se placèrent dans les basses stalles du chœur, et y firent le service comme des religieux; pendant l'office ils se confessèrent chacun à son tour derrière le grand autel; sexte étant achevé, l'évêque dit une messe basse, après laquelle le fameux docteur Rose, évêque de Senlis, fit la prédication. Ensuite les pénitents retournèrent au chœur pour y chanter none. Ils s'y rendirent encore après le dîner, pour y réciter quelques prières et visiter les saintes reliques. Cela fait, ayant repris leur croix, ils reçurent, comme en entrant, la bénédiction de l'évêque, prosternés et la face contre terre. (1) »

La reine de Navarre ne fut pas moins dévote que Henri III à la sainte Dame de Chartres. « Margue-

---

(1) *Histoire de Chartres*, tome II, page 398 — 401.

rite, reine de Navarre, désirant pareillement signaler sa dévotion, dit encore Chevard, vint en pèlerinage, et resta à Chartres depuis le 15 août 1583 jusqu'au jour de la Purification de l'année suivante. » (1)

Six mois auparavant, le célèbre duc de Guise-le-Balafré était venu se prosterner devant Notre-Dame, et lui offrir deux petits enfants d'argent, en action de grâces de deux fils qu'il avait obtenus par son intercession.

Les dix années suivantes virent les pèlerinages de la reine-mère, du duc et de la duchesse de Joyeuse, du duc de Montpensier, du chancelier de Chiverni, du cardinal de Guise, du cardinal de Joyeuse, du cardinal de Bourbon, du légat du Saint-Siége, et d'une foule d'autres prélats et grands seigneurs.

L'exemple des grands du siècle emflamma le peuple d'amour et de dévotion envers Notre-Dame; les habitants de tous les pays voisins vinrent à l'envi lui offrir leurs pieux hommages, en se rendant processionnellement devant son image vénérée. La plus célèbre de ces processions est celle du pays de Dreux; voici en quels termes la raconte Chevard :

» Le 28 décembre 1583, les habitants de la ville de Dreux et de trente-six paroisses circonvoi-

---

(1) *Histoire de Chartres*, tome II, page 393.

sins, au nombre de quinze à seize mille personnes, toutes vêtues de blanc, vinrent en procession depuis Dreux jusqu'à Chartres. Les hommes étoient couverts d'une casaque de toile blanche descendant jusqu'à mi-jambes, avec des chapeaux garnis de pareille toile plissée. Les femmes aussi vêtues de blanc, portoient sur la tête une cape blanche en forme de voile. Tous portoient en main une croix de bois blanc de la longueur d'un pied, au bas de laquelle étoit attaché un chandelier garni d'un cierge de cire blanche : quelques-uns portoient des torches. Chacun marchoit en rang et sans confusion, et chaque paroisse séparément : la croix précédoit les prêtres; les gentilshommes suivaient avec leurs familles : les paysans, leurs femmes et enfants marchaient après. La principale paroisse de Dreux tenoit le dernier rang; les deux confréries de cette paroisse, chacune avec une bannière de damas blanc, étoient à la tête ; le clergé suivoit avec la croix, accompagnant le Saint-Sacrement, porté par l'archidiacre de Dreux sous un dais de damas blanc, lequel étoit soutenu par quatre principaux habitants de la même ville. Tous les ecclésiastiques étoient vêtus d'ornements blancs. La marche étoit fermée par une compagnie d'hommes ayant chacun une torche ardente à la main.

» Cette procession, qu'on a nommée la *Proces-*

sion blanche, étoit partie de Dreux après la grand'messe, célébrée dans l'église de Saint-Pierre, à deux heures du matin; elle vint se reposer au Péage qui se trouve à mi-chemin, d'où elle continua jusqu'à Chartres. Le clergé de cette ville, prévenu de son arrivée, alla, revêtu de chapes, la recevoir hors de la ville; l'ayant jointe, il la conduisit dans le même ordre, passant par la porte Drouaise, le long des rues de la Brêche, de Saint-André, de la Corroirie, des Ecuyers, Cendreuse et des Changes, toutes tendues de draps blancs jusqu'à l'entrée de l'église Notre-Dame, où l'évêque en habits pontificaux, reçut le Saint-Sacrement des mains de l'archidiacre qui l'avoit apporté de Dreux, et l'exposa dans le chœur où l'on récita des prières analogues à la cérémonie.

» Cependant les pèlerins arrivant successivement, finissoient dans l'église les hymnes, les cantiques qu'ils avoient chantés le long du chemin. La plus grande partie d'entre eux passa la nuit dans l'église à prier devant l'image de la sainte Vierge.

» Le lendemain, dès trois heures du matin, l'évêque, officiant à tout le service, fit faire après les matines la procession autour de l'église haute et basse, y porta la Saint-Sacrement, y chanta la messe; et, après le sermon, il reporta le Saint-Sacrement jusqu'à la porte principale de l'église, et le remit entre les mains de l'archidiacre de Dreux, qui s'en retourna avec les pèlerins dans le même ordre et par le même chemin qu'ils avoient tenu à leur arrivée. » (1) Il faut avouer que les chrétiens de nos jours ont quelque peu dégénéré de leurs religieux ancêtres : ils ne connaissent plus cette ferveur et cet amour dans le service de Dieu et de sa sainte Mère.

Voici maintenant d'autres dévots serviteurs de la sainte Dame de Chartres. Le 1er janvier 1593, les chevaliers du Saint-Esprit vinrent lui rendre leurs hommages ; ils assistèrent tous à l'office solennel célébré pontificalement par l'évêque de Chartres. Parmi ces illustres chevaliers se trouvaient le cardinal de Bourbon, l'archevêque de Bourges, le chancelier de Chiverny, le duc de Nevers, le maréchal de Biron, le brave Crillon, Souvré, Chemerault, d'O, de Sourdis, d'Entragues, etc.

L'année suivante vit le sanctuaire de Notre-Dame devenir le théâtre d'un des grands évènements de notre histoire. Henri IV, de ses sujets le vainqueur et le père, y reçut la consécration royale des mains de l'évêque Nicolas de Thou. « Le protestantisme, qui s'était flatté d'envahir le royaume et de monter sur le trône, vint ainsi se briser aux pieds de la Vierge de Chartres, comme le paga-

(1) *Histoire de Chartres*, tome II, pages 395-398.

nisme y avait expiré par la défaite des Normands et la conversion d'Hasting et de Rollon ; comme y avait échoué encore, par suite du miracle et du traité de Bretigni, l'invasion des Anglais, qui nous eussent infailliblement doté, deux siècles plus tard, de leur schisme et de leur hérésie : malheur plus déplorable encore que la perte de notre nationalité. (1) » Ainsi la glorieuse Dame de Chartres dissipa toutes les calamités qui menacèrent la foi de la France catholique.

Henri IV se montra toute sa vie le dévot et généreux serviteur de la Vierge de Chartres. Cette dévotion envers Marie était-elle due à sa mère, Jeanne d'Albert? On sait qu'en mettant au monde son enfant, cette mère huguenote chanta un air des montagnes de Béarn ; c'était la chanson qui commence par ces mots : *Notre-Dame du bout du pont, aidez-moi à cette heure.*

La dernière année du 16ᵉ siècle vit un illustre pèlerin. Mgr. François de Sourdis, cardinal-archevêque de Bordeaux, vint à Chartres pour mettre son sacerdoce et son épiscopat sous la puissante protection de Notre-Dame. — En 1602, le brave maréchal d'Ornano vint aussi en pèlerinage, et laissa pour gage de sa généreuse dévotion un beau

---

(1) *Notice historique sur Notre-Dame de la Brêche*, par Mgr. Pie, évêque de Poitiers, page 18.

calice en argent pesant 12 marcs et demi. — En 1608, la reconnaissance amena devant Notre-Dame la duchesse Marie de Luxembourg : par l'intercession de la Vierge de Chartres, elle avait obtenu la guérison de sa fille, la duchesse de Vendôme.

Nous voici arrivés au règne de Louis XIII, qui consacra la France à la Reine du ciel. Notre-Dame de Chartres vit souvent à ses pieds ce religieux monarque. Le 11 septembre 1611, il y vint avec sa mère, Marie de Médicis, pour placer sous le puissant patronage de la Vierge sa personne, sa couronne et son royaume. L'évêque Hurault reçut le jeune roi avec toute la pompe due à la majesté royale. Louis XIII revint plusieurs fois en pèlerinage à Notre-Dame de Chartres, et toujours il laissa des marques de sa pieuse munificence; ainsi, lors de son pèlerinage de 1625, il fit don d'un magnifique ornement en velours cramoisi, richement brodé en argent; dans le pèlerinage de 1637, il donna deux grands chandeliers d'argent pesant 80 marcs chacun, avec une rente annuelle de 500 livres, pour y entretenir des cierges de cire blanche.

La reine Anne d'Autriche fut l'émule de son royal époux dans sa dévotion à Notre-Dame; on la vit bien souvent prosternée aux pieds de la Vierge druidique. C'est là que cette pieuse reine, après 22 ans de stérilité, obtint un fils pour Louis XIII et un dauphin pour la France ; cet enfant du miracle fut Louis-le-Grand ! Lors de son pèlerinage de 1621, Anne d'Autriche, pour plaire à la Reine de la modestie, se dépouilla de tout l'éclat des riches vêtements, et prit, avec toutes les dames de sa suite, des robes simples et communes. A la vue du sanctuaire de Chartres, elle tomba à genoux, et resta longtemps en prières. C'est alors qu'elle fit présent d'une lampe d'or, qui fut suspendue, jusqu'en 1793, devant le trésor où était renfermée la sainte Châsse.

Mais rien ne doit faire plus d'impression sur l'esprit du clergé français que l'exemple d'un homme qui, par les successeurs de sa science et de sa piété, en est aujourd'hui devenu comme le père ; nous voulons parler de M. Olier, fondateur de la Société des prêtres de Saint-Sulpice : il fit plusieurs pèlerinages à Notre-Dame de Chartres. Voici comment ils sont racontés par le pieux et savant auteur de la *Nouvelle vie* de cet illustre personnage :

« Après son retour de Rome, Dieu avait voulu éprouver M. Olier, non plus seulement par ceux de ses amis et de ses proches qui censuraient sa conduite, mais par lui-même. M. Olier s'approchait déjà tous les jours de la sainte Table, et même du tribunal de la pénitence, afin d'éviter jusqu'aux plus légères imperfections, lorsque Dieu, pour le purifier davantage encore, permit qu'il fût affligé de peines intérieures les plus accablantes... En vain pour calmer les peines de M. Olier, son confesseur employa-t-il tous les moyens sérieux qu'offre la foi aux justes éprouvés; quelque soumission qu'il trouvât en lui, il ne put réussir à lui rendre le calme. Il fallait que la main qui avait envoyé le mal, en procurât elle-même le remède. Dieu inspira donc à M. Olier de recourir à la source où il avait trouvé sa guérison dans son voyage d'Italie, et pour le confirmer dans la persuasion où il était, que toutes les grâces qu'il devait recevoir, lui seraient données par les mains de la très-sainte Vierge, il lui inspira la pensée de faire un pèlerinage à Notre-Dame de Chartres, en grande vénération dans tout le royaume depuis un temps immémorial. M. Olier s'y rendit de Paris à pied, au milieu de l'hiver de 1641, mais avec une dévotion si ardente et un tel succès qu'au moment même où il arriva dans l'église cathédrale, et avant d'avoir visité la chapelle souterraine où la Mère de Dieu était alors spécialement honorée, il se trouva entièrement délivré de toutes ses peines. Après avoir consacré quelques jours à la reconnaissance, en prolongeant devant la vénérable image de Marie les tendres effusions de son cœur, il revint à Paris, plus affermi que jamais dans la résolution de vivre d'une manière toute apostolique. » (1)

(1) *Nouvelle vie de M. Olier*, par M. l'abbé Faillon. 1ere partie, liv. II, n° 9.

M. Olier fit un autre pèlerinage en 1650. « Lorsque le nouveau bâtiment fut presque entièrement achevé (le séminaire de Saint-Sulpice), M. Olier, avant qu'on y logeât, eut la dévotion d'aller à Chartres, pour en offrir les clefs à la patronne de cette ville, comme à la Reine de l'établissement. Il célébra la sainte messe dans cette cathédrale, ayant sur lui les clefs du séminaire, et conjura la très-sainte Vierge de prendre possession d'une maison qui était son ouvrage, et de la bénir à jamais. Ce fut dans cette circonstance qu'il lui offrit, comme à l'Épouse du Père éternel, une robe précieuse, brodée en or et en soie, qu'on conserve dans le trésor de cette église; et afin de perpétuer dans la maison la dévotion à Notre-Dame de Chartres, il voulut y attacher tout le séminaire par un lien particulier, et obtint à cet effet des lettres d'association du chapitre de la cathédrale. — Le pèlerinage que M. Olier fit à Notre-Dame de Chartres, après la construction du séminaire de Saint-Sulpice, ou peut-être l'association de prières qu'il forma entre le Chapitre et sa communauté, fut apparemment ce qui donna lieu à l'usage d'envoyer chaque année, pendant les vacances, deux séminaristes à Chartres. On lit dans la vie de M. Grignon de Montfort, que lorsqu'il faisait ses études au séminaire, il fut député avec un autre séminariste très-fervent, au nom de la communauté, *selon le pieux usage qui se pratique tous les ans dans cette maison*, ajoute l'un de ses historiens. Cet usage n'a point été interrompu jusqu'à ce jour. Il est vrai qu'on ne députe personne en particulier à Notre-Dame de Chartres ; mais chaque année, plusieurs petites troupes de pèlerins s'y rendent à pied, n'y étant attirés que par leur tendre dévotion pour Marie, et le souvenir des exemples de M. Olier. (1) » En effet, nous avons vu bien souvent ces petites troupes de séminaristes-pèlerins prosternés, durant de longues heures, aux pied de la sainte et gracieuse Dame de Chartres ; et toujours nous avons admiré leur touchante piété.

M. de Bretonvilliers, digne émule et digne successeur de M. Olier dans le gouvernement de la société de Saint-Sulpice, ne manqua pas de venir à son tour visiter la Vierge de Chartres. Et lorsqu'au loin, dans la plaine beauceronne, il aperçut le sanctuaire chartrain, il le salua à genoux, et, profondément incliné, il récita l'*Ave Maria* ; puis le regardant amoureusement il commença le *Te Deum* qu'il continua avec son compagnon de voyage. Arrivé à Chartres, il se rendit directement à la cathédrale, et passa plusieurs heures aux pieds de Notre-Dame.

(1) *Ibid.* 3ᵉ partie, liv. I, n° 5 ; — et tome II, note 4.

L'héritage de la piété envers Marie non plus que celui de la puissance ne faiblit presque jamais sur le trône de France. Louis XIV fut dévot à Notre-Dame de Chartres comme l'avaient été son père et sa mère : ce fut sous ses augustes auspices que le grand roi voulut commencer son règne. Le 24 mars 1648, il y vint en pèlerinage avec sa mère et son frère Philippe d'Orléans, et toute la cour. Tous montrèrent envers Notre-Dame l'affection la plus fervente et la piété la plus sincère. — En 1682, Louis revint à Chartres, accompagné de la reine, du duc et de la duchesse d'Orléans, ainsi que d'une foule de prélats et de grands seigneurs français; ce pieux pèlerinage avait pour objet de remercier Notre-Dame de la naissance du duc de Bourgogne, lequel devint plus tard l'illustre élève de l'immortel Fénelon. Le monarque et sa brillante suite arrivèrent à Chartres le 21 septembre et y demeurèrent jusqu'au 24, passant chaque jour plusieurs heures devant la vénérable Image de Notre-Dame-sous-Terre. A chacun de ses pèlerinages, le puissant souverain laissa des marques de sa pieuse et royale munificence.

Nous avons à clore le 17e siècle par le pèlerinage d'un célèbre avocat de Paris. Sablon nous dira quelle en fut l'occasion. « M. Didier, avocat au Parlement, demeurant à Paris, rue de Bièvre, paroisse de Saint-Etienne du Mont, étant sur la rivière avec plusieurs personnes, le bateau où ils étaient vint à se briser contre un pont, et à faire eau de toutes parts. M. Didier, dans ce pressant danger, se voua à Notre-Dame de Chartres, et vint heureusement à bord, en sorte que de toute sa compagnie, il n'y eut que lui de sauvé. Pour ne pas demeurer ingrat envers la sainte Vierge, il vint à Chartres la remercier, et lui fit présent d'une d'une croix et de deux chandeliers d'argent. » (1)

On connaît les erreurs et les excès qu'enfanta le 18e siècle. L'impiété, en cherchant à renverser la foi, brisa tous les liens de la dépendance, et prépara au monde les scandales et les malheurs de la plus horrible révolution. Toutefois durant ce siècle indévot, Notre-Dame de Chartres ne fut pas privée entièrement des hommages de la piété; le peuple de la Beauce et du Perche lui demeura fidèle vassal, et les grands de la terre parurent encore quelquefois devant son image vénérée. C'est ainsi que le 23 novembre 1723, le duc de Chartres, fils du régent, et la reine infante (jeune princesse d'Espagne amenée à Paris à l'âge de quatre ans et fiancée à Louis XV; ensuite renvoyée en Espagne) vinrent à Chartres pour honorer Notre-

---

(1) *Histoire de l'église de Chartres*, par V. Sablon, page 108.

Dame, et pour être parrain et marraine de deux cloches destinées à la cathédrale. Parmi les grands personnages qui formaient la suite de la jeune reine et du prince, on comptait le cardinal-archevêque de Cambrai Dubois, premier ministre, lequel fut parrain d'une troisième cloche.

Quelques années après, en 1732, la pieuse reine Marie-Leczinska de Pologne, épouse de Louis XV, employant ses doigts habiles à travailler pour la décoration des autels de Marie, vint offrir à Notre-Dame de Chartres, quelques objets, œuvre de son aiguille.

Le dauphin, père de Louis XVI, montra sa dévotion envers la sainte Dame de Chartres, en faisant vœu d'y venir en pèlerinage, s'il en obtenait le rétablissement de la santé de la dauphine. Il exécuta son vœu en mai 1756, avec sa vertueuse épouse : l'un et l'autre comblèrent la cathédrale de leurs riches présents.

Les plaisirs empêchèrent sans doute Louis XV d'imiter les exemples de ses pieux ancêtres. Il alla souvent à Crécy-Couvé, chez la marquise de Pompadour ; mais il ne vint jamais à Chartres. Il eut pourtant la fantaisie d'en voir l'extrémité des clochers : lors d'une de ses visites à Crécy, il fit écrire à Mgr de Fleury que le Chapitre eut à illuminer les deux clochers dans la nuit du 6 au 7 juin 1754. Le registre capitulaire nous apprend que les chanoines s'empressèrent d'obtempérer à l'ordre du roi. Un journal rédigé à la suite de l'histoire manuscrite de Pintard, contient à ce sujet la relation suivante :

« Le jeudy, 6 juin 1754, depuis les 11 heures 3/4 du soir jusqu'à minuit 1/4, on a tiré sur l'échafaud du clocher vieux 24 fusées, pour satisfaire le Roy qui avoit eu envie de découvrir les clochers du château de Crécy. On avoit aussy mis sur la croix du clocher neuf un fanal composé de cinq flambeaux réunis ensemble qui pesoient 19 livres. Mais il n'a point été vu de Crécy, non plus que quatre douzaines de terrines qu'on avoit mis aux fenêtres de l'horloge. On a seulement vu et compté 22 fusées. »

Le roi-martyr ne parut pas non plus devant la puissante et gracieuse Dame de Chartres : les tribulations de son règne en furent probablement la cause.

Après la mort de ce saint et malheureux monarque, l'impiété et la licence régnèrent en France par la spoliation et le sacrilége, par la terreur et la mort ; les églises devinrent les victimes du vandalisme le plus sauvage ; le sanctuaire de Chartres fut spolié de ses vases sacrés, de ses magnifiques reliquaires, de ses richesses artistiques ; les fêtes décadaires y furent substituées aux cérémonies chrétiennes, et les orgies impures du culte de la déesse Raison aux saintes et purifiantes solennités consacrées à la Vierge immaculée. Ainsi finit le 18e siècle.

Le 19e siècle qui sera un siècle de réparation envers l'église de Dieu, et qui verra proclamer le plus beau titre de gloire de la Reine des cieux, s'ouvre par le concordat et le rétablissement de la religion. Ce fut un beau jour pour le peuple de Chartres, quand il lui fut permis d'aller sans crainte prier *la bonne sainte Vierge* dans son sanctuaire favori. C'était en 1801. Marie, la Tutèle des Chartrains, ne tarda pas à rentrer en possession de son trône et de ses honneurs; son image miraculeuse fut exposée à la vénération publique, et de toutes parts on vint lui rendre de respectueux hommages. Les pieux pèlerins revinrent implorer la sainte Dame de Chartres.

Nous citerons rapidement les têtes couronnées et les personnages illustres qui ont visité le pieux sanctuaire de Notre-Dame de Chartres.

Le 3 juin 1811, on y vit l'empereur Napoléon I et l'impératrice Marie-Louise. En entrant dans la cathédrale, dont l'architecture est si profondément chrétienne, l'empereur s'écria, dit-on: *Un athée doit être mal à l'aise ici.*

Le 13 août 1814, le duc d'Angoulème parut dans le sanctuaire de Notre-Dame, et y entendit dévotement la sainte messe. Le mois de septembre

1815 y vit la pieuse duchesse d'Angoulême, qui s'y montra non moins généreuse par ses offrandes qu'admirable par sa tendre dévotion.

En 1830, le roi et la reine de Naples, et la duchesse de Berry s'arrêtèrent dans une longue prière aux pieds de la Vierge de Chartres.

Qu'il est beau de voir à côté des grands de la terre les savants du monde se recommander à Marie pour obtenir les lumières dont ils reconnaissent le besoin ! Tel fut le sentiment qui amena devant la dame de Chartres M. de Madrolles, M. l'abbé Faillon, le R. abbé de Solesmes, dom Guérange, M. Louis Veuillot, etc. Mgr de Forbin-Janson, évêque de Nanci et de Toul, relevé par la triple auréole d'une noble naissance, de l'apostolat et de la persécution, fit le voyage de Chartres pour mettre sous le puissant patronage de Marie l'œuvre admirable de la Sainte-Enfance. Cinq ans plus tard, en 1849, Mgr Dupanloup, évêque d'Orléans, voulut aussi demander à la Vierge de Chartres qu'elle daignât bénir et protéger son épiscopat. Mais de tous les évêques contemporains, aucun ne s'est plus dévoué à Notre-Dame de Chartres, que Mgr Pie, évêque de Poitiers, la gloire de la terre de Chartres qui l'a vu naître. Nous avons déjà dit qu'une lampe ardente fut fondée par ce prélat, et que ses armes épiscopales portent la Vierge-Noire du Pilier.

Maintenant nous voulons citer un passage de son admirable lettre pastorale à l'occasion de sa prise de possession : « O sainte église de Chartres, in-
» comparable demeure de Marie, je vous aimai
» toujours comme l'enfant aime sa mère. Dès mon
» entrée en ce monde, je fus jeté dans votre sein;
» à peine né, j'étais revêtu de vos livrées. Nourri,
» élevé à vos pieds, bien plus heureusement que
» Paul aux pieds de Gamaliel, le jour même de
» mon sacerdoce fut celui qui me rangea parmi les
» ministres de votre autel; je n'ai jamais servi
» d'autre Église que vous. Comme l'enfant s'honore
» des vertus de sa mère, ainsi j'étais fier de tou-
» tes vos splendeurs; j'étudiais, je rassemblais
» avec amour tous les monuments de votre gloire;
» je respirais avec bonheur le parfum de vos tra-
» ditions; je baisais avec respect les traces non
» interrompues de science et de sainteté que les
» siècles passés me faisaient retrouver dans votre
» histoire. Vierge sainte, combien j'ai aimé la
» beauté de votre maison et le lieu de votre habi-
» tation favorite! Comme il m'était doux de savoir
» que le siècle qui a construit cette basilique,
» c'est-à-dire le siècle le plus glorifié aujourd'hui
» par l'étude de l'art chrétien, l'avait lui-même
» appréciée comme son plus pur chef-d'œuvre :
» chef-d'œuvre en effet, chef-d'œuvre unique, s'il
» s'agit de la majesté des proportions, de la beauté

» de l'ensemble, de la mystérieuse composition des
» parties, et surtout de l'esprit de grâces et de
» prières qui plane sensiblement sous ces voutes,
» et qui tombe, qui descend, avec une force et
» une douceur invincibles, sur quiconque a péné-
» tré dans cette demeure du Dieu très-bon et
» très-grand, dans ce sanctuaire de la Reine du
» du Ciel et de la terre. Vous ne me quitterez
» point, ô vous, Image séculaire de Marie, assise
» sur un trône d'où vous répandez tant de faveurs:
» je veux toujours vous voir sur cette colonne
» couverte de tant de baisers et mouillée de tant
» de larmes. Je vous appartiens, ô sainte Dame
» de Chartres: *tuus sum ego*; c'est pourquoi je
» vous emporte comme un sceau qui sera toujours
» placé sur mon cœur et sur toutes mes œuvres.
» Si tant d'autres avant moi, sortis de votre école
» ou de votre Chapitre pour être constitués prin-
» ces sur tous les points du monde, ont toujours
» été fidèles à se souvenir de votre nom et de vos
» sacrés trésors, devenus l'objet du culte et de la
» vénération de tout l'Occident; moi qui n'ai pas
» été seulement votre nourrisson, mais votre fils,
» j'ajouterai encore à la gratitude de mes devan-
» ciers, et je serai d'autant plus constant dans
» mon admiration et dans mon amour, que j'ai
» plus particulièrement expérimenté vos douceurs
» et sucé le lait de vos consolations. *Ecclesia car-*

» *notensis inter comprovinciales et longe positas*
» *sicut est auctoritatis præcipuæ, sic et erit opinio-*
» *nis præclaræ. Eam tantò profundiùs tenemur*
» *diligere, quantò profundius ab uberibus conso-*
» *lationis ejus et blandimenta suscepimus et fo-*
» *menta.* (1) »

Enfin, pour clore cette longue liste d'illustres pèlerins et de dévots serviteurs de la Vierge de Chartres, qui n'a pas été touché de voir presque chaque jour un vénérable prélat, Mgr Clausel de Montals, ornement et gloire de l'Église de France, se faire un bonheur de passer des heures entières en présence de l'image séculaire de Notre-Dame de Chartres, lui offrir le tribut de sa prière, et déposer aux pieds de cette tendre Mère ses craintes et ses espérances pour le troupeau qui lui était confié ? On l'y voit encore malgré ses 86 ans ; ne pourrait-il pas dire avec un de ses amis, le savant et pieux abbé Boyer : *Je vis dans l'espérance que la sainte Vierge me donnera quelque gage, quelque témoignage de sa tendresse maternelle ?*

Il nous semble qu'en jetant un regard sur les siècles écoulés il est permis de dire qu'il n'y a guère en France de pèlerinage plus illustre que celui de Notre-Dame de Chartres, « aians nos rois, dirai-

---

(1) Stephanus episcopus Tornacencis, epist. XLI, apud Magn. Bibliot. veter. Patrum, tome III, p. 775.

» je avec Rouillard, voulu rendre ce respect à
» cette sacrée Vierge de Chartres, de laquelle ils
» ont cru dépendre le salut de leur sceptre et
» couronne. (1)

---

(1) *Parthénie*, 2ᵉ partie, fol. 159.

SECONDE PARTIE.

NEUVAINE A NOTRE-DAME DE CHARTRES. (1)

PREMIER JOUR.

Notre-Dame tutéle de Chartres.

Toujours la très-sainte Vierge fut la dame et la protectrice de Chartres; nos pieux ancêtres croyaient même que le roi Priscus, un siècle avant la naissance de cette Vierge auguste, l'avait instituée l'héritière de son royaume et de ses domaines. Cette naïve croyance, qui se perd dans la nuit des temps, fut toujours chère aux habitants de

---

(1) Cette neuvaine, offrant pour chaque jour une lecture et prière différentes, applicables à l'un des divers besoins de la vie, peut, par conséquent, servir à autant de neuvaines particulières. Par exemple, la personne qui prie pour le rétablissement de sa santé, répètera pendant toute la neuvaine la lecture et la prière du huitième jour : celle qui invoque la Mère de Jésus pour son enfant, répètera le cinquième ou le sixième jour; etc.

Chartres. De son côté, la sainte Mère de Dieu regarda la vieille cité des Carnutes comme sa ville favorite : c'est en faveur des Chartres qu'elle multiplia surtout ses bienfaits et ses miracles. Aussi nulle autre ville n'a tant multiplié les monuments de sa piété et de sa reconnaissance envers Marie ; aucune autre ne s'est unie à cette tendre Mère par un culte plus dévoué et plus filial. Chartres est par excellence la *cité* de la Vierge : autrefois, de quelque côté que l'on sortît de la ville, en quelque sens qu'on la traversât, partout s'offraient des chapelles et des images de la Mère de Dieu. « L'incomparable basilique de l'auguste Dame de Chartres, dit Mgr Pie, voit se grouper autour d'elle un essaim de souvenirs pieux. A peine peut-on faire quelques pas dans la cité et dans ses alentours, sans y retrouver, sous mille formes, le nom de Marie. Les huit portes du mur d'enceinte, celles qui séparaient les divers quartiers de la ville, ou qui fermaient le cloître, étaient toutes ornées d'une statue de Notre-Dame, surmontée ordinairement de la légende CARNUTUM TUTELA, *Protectrice des Chartrains*. La porte Guillaume, la porte Morard, et le porche septentrional du cloître, qui restent seuls debout, conservent encore leur *tutèle*. De nombreuses Madones étaient distribuées çà et là au coin des rues, sur les ponts, et au frontispice des maisons particulières. La rue Chantault, la rue Muret, la ruelle de la Barre des prés, le Bourg-neuf, le faubourg de la Grappe, le carrefour Saint-Brice, etc., nous offrent encore de ces petits monuments domestiques ; mais la lampe, qui brûlait ordinairement devant eux, s'est éteinte. Le pont de l'*Ave Maria* a triomphé du nom de *Pont de la fédération* que la République lui avait imposé ; et le pont des *Trois Ave* garde sa statue avec l'inscription du quatrain de Pibrac :

> Si l'amour de Marie,
> En ton cœur est gravé,
> En passant ne t'oublie
> De lui dire un ave.

« Les prés *des Reculés*, la porte *des Epars* redisent depuis neuf siècles les prodiges de Celle qui est plus forte qu'une armée rangée en bataille. Les jeunes filles, après les pieux cantiques du Rosaire, vont encore par troupes, le dimanche soir, déposer leurs prières avec les bluets des champs autour de Notre-Dame de Vaux Roul. — Cent neuf églises conventuelles ou paroissiales étaient dédiées à la sainte Vierge, au 15e siècle, dans l'étendue de l'ancien territoire de Chartres (1). »

Ne sont-ce pas là autant d'émanations de l'amour du peuple chartrain pour sa bonne et sainte Dame, et autant de fruits de la piété filiale d'une cité

---

(1) *Notice historique sur Notre-Dame de la Brèche*, par Mgr. Pie, évêque de Poitiers. Chartres, 1843, pages 1 et 2.

que la Reine des cieux a toujours protégée ? C'était un culte de reconnaissance que Chartres avait voué à sa première suzeraine. Ce culte sort triomphant aujourd'hui des nuages dont quelques années désastreuses l'avaient environné. Oui, recueillons, comme un précieux patrimoine, cette dévotion de nos pères : elle prend sa source dans le sentiment le plus noble et le plus pur du cœur humain, dans la reconnaissance. Qu'elle devienne un bien de famille à transmettre de père en fils !

MIRACLE.

Jean le Marchant, chanoine de Chartres au 13e siècle, nous raconte une vision dont fut favorisée une dame de Soissons nommée Gondrée. Cette dame était attaquée du mal des *ardents*, et elle était devenue un objet d'horreur et de dégoût pour tous ceux qui l'entouraient. Elle fut subitement guérie, après avoir invoqué la sainte Vierge avec une entière confiance ; elle montra une si vive gratitude envers sa divine bienfaitrice, qu'elle mérita de la voir devant elle. « Elle lui
» dit : O sainte Dame, je vous rends grâces de ce
» que vous avez daigné me guérir du mal affreux
» qui me rongeait. Mais, ô très-douce Dame,
» que pourrai-je dire à ceux qui me demande-
» ront par qui j'ai été délivrée de mes cruelles
» souffrances ? Et la Dame lui répondit : C'est la

» Dame de Chartres qui t'a guérie; tu n'en sau-
» rais douter, car elle possède à Chartres sa mai-
» son favorite; elle veut qu'à Chartres l'on re-
» courre vers elle, comme à son palais royal; elle
» veut qu'on l'en regarde comme la Reine et la
» protectrice;

> A Chartres est sa maître-église,
> Qui si noblement est assise
> Que la Dame tient sous sa main
> Et tout Chartres et tout chartrain. (1) »

PRIÈRE.

Serait-ce sans dessein, aimable Mère, gracieuse Tutèle de Chartres, que vous auriez donné à notre ville, depuis plus de dix-huit siècles, tant de marques d'une tendre affection? Je ne le saurais croire. Vous avez eu un but, celui de nous convaincre que vous preniez à jamais notre ville sous votre protection invincible. Nos désirs se rencontrent avec votre amour. Si vous êtes assez bonne pour vouloir en tout temps vous montrer notre force et notre Tutèle, nous sommes, nous,

---

(1) *Poème des miracles de Notre-Dame*, par Jehan le Marchant, page 10. — Ce poème a été traduit du latin en vers romans par ordre de l'évêque Macé ou Mathieu; il offre donc toutes les garanties nécessaires pour être cité. C'est de ce poème que nous tirerons presque tous les miracles de cette neuvaine.

trop heureux de recevoir vos faveurs. Nous applaudissons à ce que nos pères ont fait, nous voulons suivre leurs traces et vous continuer leurs pieux hommages. Nous voulons mettre en vous, après Dieu, toute notre espérance, vous conjurant, ô bénigne Dame de Chartres, d'agréer, avec l'offrande de nos cœurs, cette nouvelle protestation de dévouement. Recevez donc nos vœux, auguste Souveraine, souriez à nos désirs, entérinez nos suppliques et exaucez nos prières. Amen.

—

SECOND JOUR.

Notre-Dame de Chartres, secours des guerriers.

Le Seigneur est le Dieu des armées et des combats. Marie, son auguste Mère, est la reine des Victoires. C'est ce que les plus vaillants guerriers chrétiens ont compris, ceux de nos jours comme ceux du moyen âge. Nos braves, qui combattent pour l'honneur de la France dans la Crimée, nous en fournissent une preuve touchante : tous, depuis le général en chef jusqu'au dernier tambour, portent, au feu, sur leur noble poitrine, l'image protectrice de Marie. On l'a trouvée sur le maréchal de Saint-Arnaud et sur le porte-drapeau de la bataille de l'Alma ; c'était sous cette sainte cuirasse que battaient ces cœurs vaillants.

La Vierge semble surtout présider aux exploits

de la cité chartraine. Au 10ᵉ siècle, elle est invoquée par nos pères; aussitôt elle vient à leur secours : elle repousse loin de leurs murs les terribles Normands conduits par Rollon. C'est elle qui fléchit Louis-le-Gros voulant à la tête d'une armée raser leur ville. Plus tard, en 1568, elle leur donne une mémorable victoire sur les Huguenots; terrible comme une armée rangée en bataille, elle fait trembler ces hérétiques qui portaient avec eux l'incendie, le sacrilége et la mort. « Les Hugue-
» nots, dit un de nos historiens, s'étant appro-
» chés pour entrer dans la ville par la brèche
» qu'ils avoient faite, il se trouva qu'il se pré-
» senta, sur la dite brèche, à leur opposite, une
» grande Dame tenant un enfant dans ses bras,
» contre laquelle ils se mirent à tirer et à redou-
» bler avec grandes décharges de parolles inju-
» rieuses, sans qu'ils pussent l'atteindre ny la
» frapper aucunement : au contraire les balles
» qu'ils tiroient, tomboient sans effect ni force
» aux pieds de la muraille, et eux pensant entrer
» se trouvoient recullés : ce que les Chartrains
» aïans reconnu, et que c'estoit la sainte Vierge
» qui avec son cher Fils prenoient visiblement la
» deffance de la ville en main, les ecclésiastiques
» et sexe féminin se mirent en prière, et les hom-
» mes en estat de porter les armes s'assemblèrent

» et firent sortie sur les assiégeants qu'ils repous-
» sèrent vigoureusement. » (1)

Reine de la cité, Notre-Dame de Chartres n'en sera pas moins accessible aux prières que nous lui offrirons pour la patrie, pour cette France qui est son domaine bien-aimé. Oui, le royaume des lis sera toujours protégé par celle dont la beauté immaculée fleurit comme le lis entre les épines.

MIRACLES.

Nous devons déjà raconté, ci-dessus, le miracle qui préserva de la mort un vaillant guerrier du 15e siècle. Nous avons dit aussi comment la sainte Dame de Chartres invoquée par Philippe-Auguste, rendit les champs de Bouvines témoins d'une victoire à jamais célèbre dans nos annales, et préserva le roi des terribles dangers du combat. En

---

(1) Challine, cité par Mgr Pie, dans sa *Notice historique sur Notre-Dame de la Brèche.* — M. Joliet a mis en vers cette tradition chartraine :

> Le canon battait nos murailles :
> La Vierge, comme un bouclier,
> Au choc terrible des batailles
> Opposait son blanc tablier.
>
> Le plomb, dans sa course rapide,
> Devant la Vierge se courbait
> Et l'obus, au vol homicide,
> Sans bruit, dans son giron tombait.

1554, « un capitaine fut garanti d'un coup de
» mousquet par une chemisette de Chartres bénite
» qu'il portoit sur soy. (1) » En 1697, le baron
du Brueil vint offrir à la Vierge de Chartres le
boulet de canon dont il avait été frappé, sans être
blessé (2).

PRIÈRE.

O sainte et puissante Dame de Chartres, aimable Reine de la Victoire, impénétrable Bouclier des braves, regardez-nous avec bonté. Vivant dans un siècle rempli d'alarmes, nous venons nous abriter sous votre manteau maternel. Accordez à nos vœux ce qu'ils vous demandent instamment : la victoire et la paix pour la France, votre protection et une foi pratique pour ses vaillants défenseurs. Faites que, fécondant par leurs fatigues cette patrie terrestre, ils achètent par leurs vertus la patrie immortelle, où vous régnez dans les splendeurs du Père, du Fils et du Saint-Esprit. Amen.

TROISIEME JOUR.

Notre-Dame de Chartres préservant de l'hérésie.

Marie a toujours été Celle qui a détruit à elle seule toutes les hérésies de l'univers. Aussi a-t-elle

(1) Annuaire d'Eure-et-Loir, année 1845, page 390.
(2) *Ibid.*, page 388.

conservé sa ville favorite dans une fidélité inviolable au Saint-Siége, et dans un amour constant pour la foi catholique. Jamais l'erreur ni l'hérésie n'ont pu s'y implanter. L'hérésiarque Béranger ne trouva pas à Chartres un seul écho de ses erreurs, quoiqu'il y comptât plusieurs amis. Quelque temps après, un autre hérétique nommé Roscelin, ayant voulu venir dogmatiser à Chartres, le bienheureux Ives lui écrivit : *Ne venez pas dans notre ville, car nos concitoyens pourroient bien avoir recours aux pierres contre vous.* C'est ainsi que les Chartrains étaient attachés à fa foi de l'Église de Dieu. Les Bulgares, les Vaudois et les Albigeois ne parvinrent jamais à y faire un seul prosélyte ; ce fut même un évêque de Chartres, Geoffroi de Lèves, que le Souverain Pontife choisit pour travailler à la conversion de ces hérétiques. Ce fut également aux pieds de Notre-Dame de Chartres que le célèbre Simon de Montfort puisa ce courage calme, cette bravoure invincible qui en fit le Machabée de la France. Au 16e siècle la doctrine de Calvin ne put pas davantage pénétrer dans la cité chartraine, qui demeura obstinément catholique, malgré la protection accordée aux hérétiques par la duchesse Renée, et malgré l'orthodoxie équivoque d'un de ses évêques, Charles Guillard. Alors on vit les Chartrains réparer par de solennelles processions l'injure faite à Notre-Dame Blanche ;

on les vit déchirer et livrer aux flammes les placards blasphématoires affichés au coin des rues, et poursuivre à coups de pierres, jusque dans le carrosse de l'évêque, un moine des Vaux de Cernai, qui avait avancé des propositions hérétiques dans la chaire de Notre-Dame.

MIRACLE.

C'est en 1568 que Marie protégea surtout sa ville bien-aimée contre tous les efforts et la haine de l'hérésie. Nous laissons parler Mgr Pie; toutefois nous abrégeons son récit : « Le 1ᵉʳ mars 1568, la ville se trouva investie. Elle était défendue au dedans par Anthoine de Linières. Les efforts des assiégeants se portèrent principalement du côté de la porte Drouaise. Ce fut le 6 mars que les protestants ouvrirent le feu contre la porte Drouaise avec cinq pièces de canon, tandis que quatre autres, placées en arrière des Filles-Dieu, prenaient en flanc les défenses. Le lendemain, un pan du mur de vingt pas de long était renversé; l'ennemi s'était emparé du ravelin qui couvrait la porte, et dont l'occupation rendait la prise de la ville inévitable.

« Si le Ciel n'avait inspiré dans ce moment une résolution courageuse, le triomphe des hérétiques était assuré. Mais le gouverneur apprend le danger; il appelle ses capitaines, échange avec eux la promesse de vaincre ou de mourir, et après leur avoir serré la main, il s'élance à leur tête sur deux planches jetées en travers du fossé à la place du pont détruit par le canon. Quarante volontaires le suivent et leur attaque est si impétueuse, qu'après avoir perdu deux cents des siens, l'ennemi est chassé de cette position qu'il ne put jamais reprendre. En même temps échouait, du côté de la porte Saint-Michel, une tentative d'escalade.

« Comprenant qu'il fallait revenir vers la porte Drouaise, le prince de Condé chargea ses batteries et les dirigea contre la tour des Herses et les murailles adjacentes. Le feu de l'artillerie dura, le 9 mars, depuis six heures du matin jusqu'à neuf heures du soir. Une brèche de trente pas de long fut ouverte, et la tour des Herses fut renversée au milieu de l'Eure. Mais déjà Linières, aussi actif qu'intrépide, avait élevé en arrière un retranchement si formidable, que les assiégeants n'osèrent donner l'assaut; et après une nouvelle et inutile attaque du ravelin, ils abandonnèrent les fossés où ils étaient écrasés par le feu de la *huguenote*. C'était une forte pièce de canon enlevée aux protestants.

« Le 12 mars, une hostilité d'un nouveau genre commence : la rivière ayant été détournée, les moulins à bras ne suffisent pas pour approvisionner la ville, qui redoute la famine et plus encore la réduction; chacun frémit à l'idée des meurtres, du pillage, des profanations dont on est menacé : quand, au grand étonnement de tous, un message arrive, annonçant la suspension d'armes, et le 15 au matin l'ennemi se retire. Les protestants avaient perdu 3,500 hommes, tandis qu'il n'en était mort que 250 du côté de la ville. Nos pères ne balancèrent pas à reconnaître là le doigt de Dieu, la protection de la Vierge, patronne et Dame de leur ville.

« En effet, tandis que toute la population était en prières, et que la sainte Grotte souteraine regorgeait d'hommes, de femmes, d'enfants qui ne cessaient d'implorer la glorieuse et puissante Dame de Chartres, quelque chose de merveilleux se passait. Une statue de la Vierge surmontait la porte Drouaise, avec l'inscription : *Carnutum Tutela*. Les Hugenots « se gabans que Marie pou-
» voit autant en icelle ville que Diane en Ephèse,
» et prenans ladite image pour objet de leur rage
» et fureur, tirèrent contre icelle tant de coups
» de canons et artillerie, que tout ce qui estoit à
» l'entour demeura fouldroié jusqu'à quatre doigts
» près, selon que les vestiges y sont ores récents :
» néanmoins ils ne purent jamais atteindre ladite
» saincte image... (1) »

C'est ainsi « que la Vierge glorieuse défendit

---

(1) *Parthénie*, 1re partie, fol. 104. — Mgr Pie, *Notice sur Notre-Dame de la Brèche*, pages 1-10.

» cette ville, qu'elle recongnoit comme sienne,
» contre ses haineux et de son Fils (1), » et qu'elle
la préserva de toute hérésie.

De nos jours encore, l'invincible Tour de David peut nous défendre et contre l'indifférence religieuse qui envahit tant d'ames, et contre l'incrédulité qui les endurcit, et contre l'immoralité qui les aveugle et les tue, en un mot elle peut nous défendre contre l'action délétère d'un siècle sans foi, sans prévoyance et sans amour. Qui donc, parmi les chrétiens, n'a pas un pécheur à recommander à Marie?

Prière.

Aurore brillante du Soleil de justice, vous qui portez dans les cœurs une douce lumière qui les dispose à recevoir le grand jour de la vérité, daignez jeter un regard sur l'ame pour laquelle je vous invoque, sur cette ame qui m'est chère, qui est mille fois plus chère encore à votre divin Jésus. Par vous, ô glorieuse et puissante Dame de Chartres, l'Église a triomphé de toutes les hérésies; par vous, elle peut encore recouvrer tant d'enfants que la lâcheté, le respect humain, le sophisme et l'erreur éloignent de son sein maternel. Vous savez pour qui je prie, vous savez quel est celui que

(1) *Histoire de Chartres*, par Souchet.

je désire voir revenir à la foi, à l'amour, aux saintes pratiques de notre auguste religion. Ah! je vous en conjure, ô Mère de bonté, accueillez ma prière et daignez l'exaucer! Amen.

QUATRIÈME JOUR.

Notre-Dame de Chartres illustre par ses miracles.

Les miracles opérés par la sainte Dame de Chartres sont innombrables. Par elle, par sa puissante intercession, la santé est rendue aux malades, la vue aux aveugles, la parole aux muets, l'ouïe aux sourds, la vie aux morts; les pécheurs endurcis sont réconciliés avec leur Dieu; les ames scrupuleuses retrouvent la paix et le calme; tous les maux du corps, toutes les misères de l'ame reçoivent une heureuse guérison aux pieds de son image bénie.

Que signifient les miracles? Quand ils ont pour objet une conversion ou une guérison corporelle, on doit les envisager comme des témoignages d'une faveur insigne, d'une bienveillance particulière. Mais ils sont surtout une manifestation du Ciel à la terre, un langage sublime qui s'adapte à toutes les positions, qui se modifie suivant les besoins. De là la variété des miracles.

Ainsi, à la naissance de Jésus-Christ, on voit deux prodiges éclatants, mais d'un genre différent. Les pasteurs veillent auprès de leurs troupeaux ; un ange leur apparaît, et leur annonce la naissance du divin Sauveur. En même temps paraît dans le ciel un signe, qui parle aux sages d'Orient, habitués à lire la majesté de Dieu dans les astres qu'il a formés. Ils le voient; c'est l'étoile de Jacob, disent-ils, c'est le signe du grand Roi ; allons le reconnaître et l'adorer. Ils partent, suivent l'étoile, et trouvent le Messie, comme les bergers l'avaient trouvé. Ainsi Dieu parle à chacun selon ses facultés, ses besoins, ses désirs, et se conforme, avec une touchante bonté, aux nécessités et à l'intelligence de ses enfants.

Les miracles opérés par l'intercession de Notre-Dame de Chartres ont aussi leur langage, langage de la plus tendre des mères à des fils reconnaissants et soumis. C'est un engagement céleste qu'elle prend envers nous, en se faisant ainsi notre appui dans nos misères, notre santé dans nos maladies, notre secours dans nos besoins. « Habitants de Chartres, nous dit-elle, de ma ville privilégiée, j'agrée vos hommages, je vous adopte pour mes enfants : soyez fidèles à mon culte ; je vous aimerai toujours, et ces miracles que vos prières ont demandés et que j'ai obtenus pour vous, sont le gage immortel de mon amour et de ma protection. »

MIRACLE.

Parmi cette multitude de prodiges, nous choisirons la guérison miraculeuse d'une pieuse habitante de Prunai-le-Gilon; nous ne faisons que traduire en français les vers romans de Jehan le Marchant.

« A Prunai vivait une jeune femme mariée qui était atteinte de paralysie;

> Si que ni de pied ni de main
> Ne povoit faire nul office
> . . . .
> Ne povoit aller ni venir,
> Ni aux mains rien prendre et tenir.

Il y avait déjà plus d'un an qu'elle souffrait de cette triste maladie. En outre elle était si pauvre qu'elle ne pouvait recourir à la médecine. Privée de toute assistance humaine, elle plaça son espoir de guérison dans la sainte Dame qui guérit tous les mortels qui l'appellent de cœur. Elle la supplia de vouloir bien regarder son humble servante si malade et si triste, de la délivrer de son mal ou de la faire mourir. Sa prière fut exaucée. Une nuit la gracieuse Dame apparut à la jeune femme, et lui dit : Si tu veux être guérie, fais-toi mener à Chartres dans mon église; car là, si tu as ferme confiance, tu recevras la santé que tu désires. A cette promesse, la jeune femme se réjouit beaucoup; quand il fit jour, elle appela son mari, et lui dit ce qui lui était advenu. Celui-ci en fut ivre de joie ; il fit aussitôt mener sa femme à Chartres. C'était un samedi. Arrivée près de l'église de Notre-Dame, on la descendit de voiture, et on la porta devant l'autel de la sainte Vierge. Là, cette pauvre paralytique fit sa prière avec foi et dévotion ; et à l'instant elle fut guérie : tout son mal avait disparu ; l'usage de ses pieds et de ses mains lui était rendu.

> Au ciel en haut ses mains tendit,
> A Dieu grez et grâces rendit,
> Et à sa Mère glorieuse
> Par qui elle étoit saine et joyeuse. (1)

PRIÈRE.

O Vierge trois fois bénigne, sainte et douce Dame de Chartres, vous nous avez manifesté la pensée intime de notre cœur ; vous n'avez pas envoyé un ange pour nous dire : « Je veux être votre mère, » mais vous avez écrit cette ravissante promesse autour de votre image miraculeuse et de votre Colonne. Vos miracles multipliés nous disent, ô notre tendre Mère, que votre cœur nous appartient, que votre puissance est à nous, que votre charité envers votre peuple béni ne tarira jamais. Soyez toujours notre vie, notre douceur et notre

---

(1) *Poème des miracles,* pages 42-48.

espérance; protégez du haut de votre Colonne bien-aimée, ceux dont la plus douce jouissance est de remercier le ciel des faveurs dont il vous a comblée. Amen.

CINQUIÈME JOUR.

Notre-Dame de Chartres conservant les enfants qui lui sont consacrés.

Le Seigneur Jésus chérissait les petits enfants; il les faisait venir à lui; il les bénissait et les embrassait. Marie est semblable à son divin Fils : tendre et compâtissante aux douleurs des mères, elle protège d'une manière spéciale les petits enfants que la piété maternelle lui consacre en les vouant au *blanc* ou au *bleu*, ou qu'elle vient porter aux pieds de son Image miraculeuse. Que les mères chrétiennes continuent donc le pieux usage établi de temps immémorial dans la ville de Chartres : si elles veulent conserver leur enfant, qu'elles mettent Notre-Dame dans leurs intérêts, et qu'elles invoquent avec confiance celle qui porta dans son sein le Tout-Puissant! Elles seront exaucées, si elles prient avec amour et confiance.

MIRACLE.

« A Chamblée dont l'évêque est sire, dit Jehan le Marchant, une femme avait une petite fille qu'elle allaitait. Sortie un jour

> Pour aller en une sienne affaire
> Qu'elle alloit ou avoit à faire,

elle laissa son enfant à garder à une jeune fille inexpérimentée ; le petit enfant au berceau se mit à crier ; sa gardienne ennuyée de l'entendre crier et pleurer lui donna un morceau de verre ; elle s'imaginait que l'enfant cesserait de pleurer quand il verrait luire le morceau de verre.

> L'enfant tint le verre à la main,
> Ainsi comme ce fut chair ou pain
> Mit le verre dedans sa bouche.

« Malheureusement il tomba dans l'arrière-bouche,

> Et lui coula en la gorgette
> Qui étoit étroite et petitette.

« Bientôt l'enfant fut étouffé, et ne donna plus signe de vie.

» Alors la jeune fille qui le gardait, se mit à crier, à se lamenter si haut que les voisins l'entendirent et accoururent tout effrayés. La mère de l'enfant accourut aussi en tremblant, et en disant : O Dame de Chartres, je vous consacre mon petit enfant que j'ai laissé dans son berceau ; ô Vierge pure et immaculée, je vous recommande ma petite fille ; ô douce Dame, ayez pitié de moi. Cependant elle entra dans sa maison, courut au berceau, et trouva son enfant pâle, sans vie. A cette vue, la pauvre mère se lamente, se déchire le visage, s'arrache les cheveux. Mais tout à coup elle prend sa petite fille entre ses bras, sort de sa maison et prend la route de Chartres pour aller porter son enfant aux pieds de Notre-Dame.

> Mais ses voisins et ses amis
> En tour s'assemblent et viennent,
> Et par paroles la retiennent,
> Et la blâment. . . . .
> Et. . . . . lui disent :
> Où veut-tu aller, folle chetive ?
> Vois bien, ta fille n'est pas vive ;

Porte-la à l'église paroissiale, et fais-la enterrer. Crois-nous, et ne va point à Chartres ; ton voyage serait inutile ;

> Fais à ton enfant sépulture
> Et souffre en paix cette aventure.

« La pauvre mère ne les écoute pas, et vers Chartres s'achemine,

> Criant comme une désespérée :
> Dame de Chartres débonnaire,
> Dessus vous mets toute mon affaire ;
> Dame, à mes cris entendez,
> Et ma fillette me rendez.

« La malheureuse mère marchait de la sorte vers l'église de Notre-Dame ; lorsque tout-à-coup l'enfant rejeta par la bouche deux gros caillots de sang, au milieu desquels se trouvait le morceau de verre; et à l'instant on le vit respirer et ouvrir les yeux. O sainte Dame de Chartres, s'écria la mère, soyez bénie à jamais, car vous m'avez rendu ma petite fille; à Chartres je veux aller vous la présenter et vous rendre mes actions de grâces.

> A son enfant se déporta
> La pièce de verre porta
> ..... à Chartres en l'église,
> Sur l'autel son offrande a mise;
> A Notre-Dame son enfant
> Présenta joyeux et vivant,
> Qui sans vie avoit été un moment (1).

PRIÈRE POUR UN ENFANT MALADE.

O douce Dame de Chartres, secourable à toutes les mères, daignez écouter les vœux que nous apportons au pied de cette Image qui a vu tant de larmes essuyées, tant de douleurs profondes calmées comme par un saint enchantement, de cette Image qui nous atteste à la fois votre pouvoir et votre bonté. Vous êtes la tendre mère de Celui qui ne voulut pas que la veuve de Naïm pleurât plus longtemps son fils unique; dites-nous aussi, à nous qui craignons pour notre enfant, dites-nous cette suave parole : Ne pleurez pas ! et nos larmes se changeront en des cantiques d'allégresse, par

(1) *Poëme des miracles*, pages 48-55.

lesquels nous célèbrerons à jamais le pouvoir que votre divin Jésus a remis entre vos mains pour la consolation et le bonheur des hommes. Amen.

SIXIÈME JOUR.

Notre-Dame de Chartres, santé des malades.

Le sanctuaire de Notre-Dame de Chartres a été et est encore semblable à cette piscine de Siloé, où les malades venaient chercher la guérison de leurs maux, le terme de leurs langueurs. Depuis les temps les plus reculés jusqu'à nos jours, des guérisons inespérées, éclatantes, miraculeuses enfin, y viennent attester et la puissance de Marie et la foi de ses pieux enfants. Marie, disait saint Ephrem, est la solide santé de ceux qui ont recours à elle ; *salus firma recurrentium ad eam.* « Ainsi, ajoute saint Alphonse de Liguori, quiconque a recours à Marie, trouve non-seulement le remède, mais encore la santé et la vie, comme elle le promet elle-même à ceux qui la cherchent : *Qui me invenerit, inveniet vitam, et hauriet salutem à Domino.* Non, cette Mère céleste ne se refusera point à guérir celui qui met sa confiance en elle. »

Recourons donc à elle dans nos maladies, elle sera notre santé ; recourons aussi à elle pour la guérison de ceux qui nous sont chers ; à leur tour ils reviendront guéris et consolés, et ce seront des voix de plus dans ce chœur immense qui, sur toute la terre, célèbre les bontés de Marie.

MIRACLE.

Voici comment Jehan le Marchant raconte la guérison miraculeuse d'un certain Guillaume de Chartres.

« Ce Guillaume avait une rupture qui le rendait boiteux et le faisait marcher tout courbé ;

> Un baston en sa main tenoit
> Dont son foible corps soustenoit,
> A peine se pouvoit lever.

« Il était pauvre ; et chaque jour il allait péniblement à la cathédrale,

> Non point tant pour le service
> Que pour quérir sa soustenance,
> Et à sa povreté alégeance.

« Voyant chaque jour des miracles éclatants, il ne put s'empêcher de crier en pleurant : O douce Dame, vous êtes remplie de bonté et de miséricorde pour les pèlerins étrangers ; ne ferez-vous rien pour un de vos fidèles chartrains ? » Marie l'exauça,

> Car ses prières entendit
> Et pleine santé lui rendit ;
> Par sa grande débonnaireté,
> De toute son infirmité

Le guarit et de sa rupture
Le fit aller droite allure.

« De sorte qu'il se retrouva droit et ferme comme aux jours de sa jeunesse.

Quand ce miracle fut vu
Et parmi la cité su,
Tous furent de joie avivés,

car Guillaume était aussi connu dans Chartres que le boiteux guéri par saint Pierre à la porte spécieuse du Temple, était connu à Jérusalem.

« Cependant il y avait alors dans la cathédrale une multitude de malades qui y demeuraient, et que l'on voyait couchés dans les bas-côtés de l'église; ils attendaient tous la guérison de leur maladie. Guillaume, par reconnaissance envers la Mère de Dieu, résolut de servir ces malades,

Et leur vie et leur nourriture
Leur pourchassa diligemment,
Et leur départit loyalement
Ce qu'il leur avoit pourchassé;

ce qu'il fit jusqu'à la fin de sa vie (1). »

PRIÈRE.

O sainte et miraculeuse Dame de Chartres, souvenez-vous que votre Fils bien-aimé, durant son passage sur la terre, ne se refusa jamais à user de sa

(1) *Poème des miracles*, pages 88-92.

toute-puissance pour guérir les malades, les infirmes que l'on apportait à ses pieds. Moi aussi, rempli de confiance en votre bonté, je viens auprès de vous, languissant et malade, comme un enfant auprès de sa mère, pour demander du soulagement, et je vous conjure, ô Mère du Dieu sauveur, de vouloir bien user, en ma faveur, de ce pouvoir admirable dont votre Fils vous a revêtue. J'ose vous demander la santé, comme un bien nécessaire à l'accomplissement de mes devoirs sur la terre, et mettant en vous seule ma confiance, j'attends ma guérison de votre maternelle bonté. Mais si la volonté de Dieu exigeait que je le servisse au milieu d'une langueur continuelle, je soumets mes vœux à ses adorables desseins, et je vous prie alors, ô Marie, de daigner m'obtenir l'esprit patient, pénitent, intérieur, dont j'ai besoin pour unir mes souffrances à celles de Jésus, afin que cette croix devienne pour moi la voie du salut et des bénédictions éternelles. Amen.

SEPTIÈME JOUR.

Notre-Dame de Chartres honorée par les pèlerins.

Nous avons déjà dit combien fut grande la multitude des pèlerins qui, de temps immémorial, sont venus honorer la sainte Dame de Chartres. Mais nous rappelons ce fait, afin de l'envisager comme un généreux stimulant pour les Chartrains, que depuis plus de dix-huit siècles, Marie a si particulièrement protégés et chéris.

Si des étrangers l'aiment et l'invoquent, s'ils quittent leurs villes, leurs familles, les occupations, les affaires, les nécessités de chaque jour, pour venir lui témoigner leur respectueux amour, que n'a-t-elle pas droit d'attendre de nous, nous parmi lesquels elle a fixé sa demeure, nous dont elle a conservé, défendu, soutenu les aïeux, nous qui avons été les témoins de ses miracles, et les objets constants de sa prédilection ! Ils viennent de loin et sous l'ardeur du jour; ils se réjouissent, disant : *Nous allons en la maison du Seigneur; In domum Domini ibimus;* et nous, nous n'avons que quelques rues à traverser, peut-être quelques pas à franchir, pour venir en ce sanctuaire béni, où tant de prières ont été exaucées, tant de larmes essuyées; pour y venir rendre à Marie un tendre et filial hommage ! Ah ! qu'une sainte émulation nous anime et que, profitant des bénédictions qui nous sont offertes et que tant d'autres viennent chercher de si loin, nous ne laissions jamais désertes cette Colonne consolatrice, cette maison plus que maternelle, maison chérie où le Sauveur habite, et où il se plaît à répandre, par les mains de la Reine des miséricordes, les richesses de l'inépuisable trésor de ses grâces et de ses faveurs.

MIRACLE.

Notre-Dame de Chartres a fait de nombreux miracles en faveur de ses pieux pèlerins ; on le verra par le fait suivant :

« Les habitants de Pithiviers en Gâtinais prirent la résolution de faire un pèlerinage à Chartres, et d'y apporter leur offrande ;

> Un char qui fut grand et fort
> Firent faire et ouvrer forment,
> Et le chargèrent de froment
> Qu'à l'œuvre de Chartres mener
> Le vouloient et eux peiner
> Et travailler en tel voyage
> Pour faire leur pèlerinage.

« Ils s'attelèrent tous au charriot ; et tant le tirèrent qu'ils arrivèrent près du Puiset.

> Ceux du Puiset grands et menus,
> Hommes et femmes, jeunes et chenus
> Tous de la ville sortirent
> Aussitôt que les pèlerins virent,
> Et à leur rencontre allèrent ;

« Les voyant fatigués, ils leur dirent : donnez-nous vos colliers et vos cordes, nous vous aiderons, et pour vous à ce chariot nous tirerons ;

> De chaud et de travail suez,
> Vous avez de repos métier
> Et nous sommes frais et entiers ;

reprenez haleine un moment, puis vous continuerez votre pèlerinage. Les pèlerins de Pithiviers répondirent : Nous ne pouvons vous octroyer votre demande ; nous voulons seuls tirer notre chariot ;

> Ne voulons pas être repris
> Que pour un petit avantage
> Perdions notre pèlerinage ;
> De votre aide vous mercions.

« Quand les habitants du Puiset virent la dévotion de ces fervents pèlerins, ils en furent émus profondément, et leur dirent :

> Seigneurs, quand prendre ne daignez
> Notre aide, au moins prenez
> Un autre don.

Acceptez un tonneau de bon vin pour étancher votre soif : de grâce ne nous faites pas essuyer un second refus. Les pèlerins acceptèrent. Le tonneau leur est apporté ;

> Chacun son hanap fortreit
> Souventes fois et à grand tract
> Du vin qu'ils avoient tant cher
> Burent pour leur soif étancher.

« Quand le tonneau fut vide, ils remercièrent les

bons habitants du Puiset, et ils continuèrent leur route vers Notre-Dame de Chartres.

> Quand ils se furent mis à la voie;
> Dieu qui tous biens donne et envoie,
> Monstra illec apertement
> Beau miracle, à l'exaucement
> De sa douce Mère Marie.

« En effet le tonneau vidé par les pèlerins, fut trouvé rempli

> De vin clair, fort et adorable;
> Ce fut bien chose merveillable
> Et miracle bien apparent.

« Les pèlerins furent rappelés; ils rebroussèrent chemin.

> Ceux du Puiset à liesse chère
> Dirent : Seigneurs, voyez merveille
> Si grande que oncques sa pareille
> En votre vie ne vites,
> Que Dieu a fait pour vos mérites;
> Pour le vin que avez bu
> Nouveau vin est survenu.
> . . . .
> Quand ce miracle espert virent
> Tous ensemble grande joie firent,
> Dieu et sa Mère mercièrent.
> Du saint vin tirèrent et goutèrent
> Et burent non pas gloutonnement,
> . . . .
> Mais comme vin sanctifié,
> Comme s'ils eussent communié.

« Quelques malades burent aussi de ce vin miraculeux ; aussitôt ils

>Furent guéris et respassés
>De mainte griève infirmité.

« Cependant les pèlerins

>Au char se mirent de rechef
>Pour leur besogne tirer à chef,
>Comme ils l'avoient commencée ;
>Ils ont tant leur voie avancée
>Qu'à Chartres vinrent à grande joie. (1)

PRIÈRE.

O bonne et gracieuse Dame de Chartres, nous sommes tous étrangers et voyageurs sur la terre, comme l'ont été nos pères ; mais dans ce désert du monde que nous devons traverser, une étoile nous luit, et nous levons les yeux vers Vous avec confiance, sûrs de trouver asile et protection. Priez pour nous, aimable guide, menez-nous, en nous tenant par la main, au port heureux de l'éternité, et confondez dans votre maternelle protection ceux que nous confondons dans nos prières, ces étrangers, ces pèlerins, qui viennent encore révérer votre autel, et unir leurs vœux à ceux que nous élevons vers Vous, ô Reine bien-aimée, glorieuse Tutèle des Chartrains. Amen.

(1) *Poëme des miracles*, pages 75-80.

HUITIÈME JOUR.

Notre-Dame de Chartres recevant des EX-VOTO

Dans tous les sanctuaires particulièrement honorés par les faits miraculeux qui s'y sont accomplis, nous voyons des *ex-voto*, pieux témoignages d'une confiance que justifia l'évènement, utiles souvenirs d'une grâce demandée et obtenue ; et rien peut-être n'augmente autant la ferveur des nouveaux suppliants que la vue de ces dons laissés par des malheureux au Protecteur céleste qui les a consolés. Cet usage remonte, du reste, à la plus haute antiquité, et tout cœur bien placé doit approuver cette pratique de la plus noble des vertus, de la reconnaissance. Ne rougissons donc pas de suivre avec simplicité les traces de nos ancêtres dans la foi, et de consacrer à notre céleste Protectrice quelque légère offrande en retour de ses bienfaits. C'est un juste et saint emploi de la fortune que de la consacrer à orner ces autels, si souvent pauvres et dénués, au milieu des villes les plus opulentes et les plus luxueuses ; et ce doit être un besoin pour toute ame chrétienne que de faire participer la maison de Dieu notre Père, la chapelle de Marie notre Mère, à ces richesses que le ciel nous a confiées. Que la générosité des païens pour des temples vides où n'habitaient que de muettes et stupides idoles, que le respect profond des Hébreux pour un temple où tout n'était que figures, symboles, promesses, soit éternellement la leçon des chrétiens, des enfants de Notre-Dame de Chartres !

MIRACLE.

« Les habitants de Bonneval, près de Chasteaudun, exhortez comme les autres, par fréquens prosnes et prédications, d'aller contribuer de leurs moïens, à la réfection de l'église de Chartres, chargèrent sur quelques charrettes grande quantité de chaulx. Partis qu'ils furent en temps beau et serein, comme ils se virent un peu avant, apperçurent de loing l'air se troubler : de grosses et espaisses nues commencèrent à offusquer le soleil : un grand vent éleva telle poussière, qu'à peine pouvoient-ils de près se reconnoistre les uns les aultres : à l'instant ils entendirent gronder le tonnerre, force éclairs brillans dedans leurs yeux, un grand ravage de pluie tout à l'instant, qui les contraignit de dételer promptement leurs chevaux, et se garer çà et là, quittans et délaissans leurs charrettes et leur chaux, avec une pauvre femme paralytique, qu'ils avoient mise dessus, pour faire son vœu à Chartres.

» L'orage passé, la pluie cessée, et l'air rasséreiné, les pellerins s'estant recueillis des cachots où ils avoient pu se mettre à l'abry (eux ne pensans rien moins que de voir leur chaux toute consommée par l'eau, et la pauvre percluse bruslée dessus), furent estonnés en estans venus près, qu'ils virent leurs charrettes se mouvoir toutes seules deux ou trois fois ; puis les ayans atteintes, furent davantage esbahis du miracle, quand ils aperçurent que leurs sacs et charrettes n'avoient aucunement esté humectez de la pluie ; ains que tout y estoit sec et aride, et la pauvre percluse, saine et entière dessus.

» Incontinent avec allégresse, ils rattelèrent leurs chevaux et harnois, tirèrent droit à Chartres ; là remercièrent la Vierge des grâces à eux faictes ; là exposèrent la pauvre paralytique, qui reçut guarison, et là livrèrent leur chaux, pour en bastir l'église (1). »

PRIÈRE.

O Dame de Chartres, ô notre Tutèle bien-aimée, voici le huitième jour que nous venons à vos pieds, dans cette splendide demeure que vous vous êtes fait construire ; nous vous demandons la continuation de votre amour sur ce peuple, longtemps l'objet de vos complaisances maternelles. Nous voici auprès de vous pour faire une douce violence à votre cœur, afin d'obtenir de votre bonté que

(1) *Parthénie*, 1re partie, folio 230. — *Poème des miracles*, pages 80-83.

tous les habitants de Chartres, réunis en une même foi, vous servent comme leurs pères vous ont servie! Accordez-nous, par vos prières toujours écoutées, cette inestimable faveur; amenez au bercail du divin Pasteur toutes les brebis de son troupeau, afin que ne formant qu'une même famille religieuse, tous les Chartrains vous servent, vous aiment, vous révèrent, vous bénissent à jamais, dans ce monde périssable et dans la bienheureuse éternité! Amen.

NEUVIÈME JOUR.

Notre-Dame de Chartres secours des chrétiens.

Marie est toujours et partout notre secours le plus assuré. Elle nous a sauvés, par sa maternité divine, des horreurs d'une perte éternelle; revêtue d'un pouvoir admirable, elle nous sauve encore tous les jours dans les maux du corps, dans les périls de l'ame. Elle nous sauve, quand, d'un souffle de sa bouche virginale, elle écarte loin de nous l'ange déchu, notre antique ennemi; elle nous sauve, quand elle invoque pour nous le cœur miséricordieux de son divin Jésus, quand elle obtient la lumière aux pécheurs, la force au faible, la consolation à l'affligé; elle nous sauve, quand, dans les détresses de la vie, elle se montre près de nous une Providence maternelle; elle nous a sauvés mille fois, à notre insu, et malgré nous peut-être sa main délicate a versé sur nos plaies l'huile et le vin, et ce n'est que lorsque les ombres de la vie auront fait place au jour radieux de l'éternité, que nous connaîtrons tous les soins de sa vigilante tendresse. Que ceux-là qui n'ont jamais reçu de secours de Marie, qui n'ont pas vu invoquer son Nom sur leur berceau par une mère pieuse, qui n'ont pas imploré eux-mêmes ce Nom protecteur dans les orages du monde, alors que tout sombrait autour d'eux, que ceux-là s'asbtiennent de visiter son sanctuaire de Chartres.... Mais nous qui proclamons avec joie sa suzeraineté, qui réclamons à toute heure sa puissante protection, venons, invoquons-la dans sa maison préférée; offrons lui tous les jours l'encens de la prière et le tribut d'une tendresse filiale, trésor sans prix à ses yeux, monnaie précieuse qui achète au chrétien les tabernacles de la vie éternelle.

MIRACLE.

Nous rapportons ici diverses marques de protection miraculeuse que Notre-Dame voulut bien donner à des chrétiens qui eurent recours à elle. Nous copions le récit de Vincent Sablon :

» Robert de Jouy avoit une fistule à la jambe, qui étoit incurable et qui le remplissoit d'ulcères; il pria si dévotement la sainte Vierge de Chartres, qu'il fut entièrement guéri; et le lendemain il vint lui en rendre ses actions de grâces.

« Vers l'an 1665, un homme muet, des environs d'Etampes, vint à Chartres faire ses dévotions, et fit dire une messe à Notre-Dame, où humblement prosterné au pied de l'autel, et priant avec grande ferveur la sainte Vierge, il recouvra la parole en présence de plusieurs personnes, et s'en retourna glorifiant la Dame de Chartres.

« Un nommé Fourré, du village de Mainvillier, avait un enfant malade; il le recommanda à la sainte Vierge, fit dire une messe à son intention; et aussitôt l'enfant fut guéri.

« Madame Corbin, du Grand-Dauphin, au faubourg des Épars, avoit une fille malade, et dont le corps enflé et cacochyme étoit extrêmement contrefait; elle ne l'eut pas sitôt recommandée à la sainte Vierge, et prié Dieu pour elle, qu'elle fut guérie, et eut le corps bien conformé et bien sain.

« Une femme étant sur la Loire, dans un bateau, avec plusieurs personnes, avoit un enfant à la mamelle; le bateau venant à faire naufrage, elle se voua à Notre-Dame de Chartres, et échappa seule avec son enfant, tous ceux qui étoient dans bateau ont péri dans les ondes.

« Six personnes furent rencontrées par des voleurs, qui les dépouillèrent, moins une d'elles qui s'étoit vouée à la Vierge de Chartres (1). »

(1) *Histoire de l'église de Chartres*, pages 104-107.

PRIÈRE.

C'est bien avec raison, ô secourable Dame de Chartres, que tant de langues reconnaissantes, que tant de plumes conduites par le cœur se sont plu à célébrer vos louanges. Comblé de vos bienfaits, ayant ressenti par une heureuse expérience combien vous êtes bonne et puissante, j'unirai ma voix à ce concert unanime, où l'on se plaît à répéter ces mots si doux : *Oh! qu'elle est bonne, Marie!* Mon cœur que vous avez comblé de joie, sera dorénavant le sanctuaire de la reconnaissance, chacun de ses échos me redira le souvenir de votre bonté compâtissante ; chacune de ses aspirations sera une hymne de tendresse à Jésus et à Marie! Soyez mille fois bénie, ô douce Dame de Chartres, et puissé-je, après vous avoir louée tant de fois sur la terre, vous louer à jamais dans les splendeurs du Père, du Fils et du Saint-Esprit. Amen.

LITANIES DE NOTRE-DAME DE CHARTRES.

Seigneur, ayez pitié de nous !

Jésus, ayez pitié de nous !

Seigneur, ayez pitié de nous !

Jésus, écoutez-nous !

Jésus, exaucez-nous !

Père céleste, qui êtes Dieu, ayez pitié de nous !

Fils, rédempteur du monde, qui êtes Dieu, ayez pitié de nous !

Esprit-Saint, qui êtes Dieu, ayez pitié de nous !

Trinité sainte, qui êtes un seul Dieu, ayez pitié de nous !

Sainte Marie, Reine et Dame de Chartres,

Notre-Dame de Chartres, plus douce que le rayon du miel,

Notre-Dame de Chartres, belle comme la lune,

Notre-Dame de Chartres, revêtue du soleil et couronnée d'étoiles,

Notre-Dame de Chartres, honorée par les Druides avant votre naissance,

Notre-Dame de Chartres, invoquée par nos pères durant votre vie mortelle,

Notre-Dame de Chartres, source de la piété de nos aïeux,

Notre-Dame de Chartres, gloire et espérance de notre ville,

Priez pour nous.

— 218 —

Notre-Dame de Chartres, miraculeuse en vos saintes images, priez pour nous.

Notre-Dame de Chartres, la divine consolatrice de nos douleurs,

Notre-Dame de Chartres, notre sécurité dans les périls,

Notre-Dame de Chartres, salut du nautonnier,

Notre-Dame de Chartres, guide et soutien du voyageur,

Notre-Dame de Chartres, bouclier du soldat,

Notre-Dame de Chartres, mère des orphelins et des enfants délaissés,

Notre-Dame de Chartres, doux espoir des mères désolées de la perte de leurs enfants,

Notre-Dame de Chartres, santé des malades,

Notre-Dame de Chartres, lumière des aveugles,

Notre-Dame de Chartres, ouie des sourds,

Notre-Dame de Chartres, ravissant à la mort ses victimes,

Notre-Dame de Chartres, refuge assuré des pécheurs,

Notre-Dame de Chartres, tour d'ivoire de notre cité,

Notre-Dame de Chartres, force de nos remparts,

Notre-Dame de Chartres, terreur de nos ennemis,

Notre-Dame de Chartres, honorée par la multitude incalculable des pèlerins,

Notre-Dame de Chartres, invoquée par les rois et les princes de la terre,

Priez pour nous.

Notre-Dame de Chartres, assise sur un trône d'où vous répandez tant de faveurs,

Notre-Dame de Chartres, posée sur une colonne couverte de tant de baisers, et mouillée de tant de larmes,

Notre-Dame de Chartres, qui possédez ici votre habitation favorite,

Notre-Dame de Chartres, qui nous réjouissez par la présence de votre saint Vêtement,

Notre-Dame de Chartres, objet du culte et de la vénération de tout l'Occident,

Notre-Dame de Chartres, dont les bienfaits ravissent tous les cœurs,

Notre-Dame de Chartres, Reine du ciel et de la terre,

Notre-Dame de Chartres, conçue sans la tache du péché originel,

Priez pour nous.

Agneau de Dieu, qui effacez les péchés du monde, pardonnez-nous, Jésus !

Agneau de Dieu, qui effacez les péchés du monde, exaucez-nous, Jésus !

Agneau de Dieu, qui effacez les péchés du monde, ayez pitié de nous, Jésus !

Jésus, écoutez-nous !

Jésus, exaucez-nous !

Je vous salue, Marie, gracieuse Dame de Chartres, Reine du saint amour, soyez favorable, en tout temps et en tous lieux, à vos enfants de Chartres, que vous avez toujours chéris avec une prédilection marquée.

v. Priez pour nous, ô sainte Dame de Chartres ;
r. Afin que nous devenions dignes des promesses de J.-C.

PRIONS.

O Dieu tout-puissant, qui ne cessez de nous montrer combien la dévotion envers la sainte Dame de Chartres vous est agréable, par les prodiges multipliés que nous obtient sa maternelle intercession, faites-nous la grâce d'être toujours fidèles aux pieux enseignements qu'elle nous donne, afin qu'après avoir observé ici-bas vos divins commandements, nous arrivions au bonheur de vous posséder dans les délices de votre paradis. Amen.

TABLE DES MATIÈRES.

AVIS. — Eloigné de Chartres et privé du secours d'une grande bibliothèque, j'ai commis sans doute plus d'une erreur. Je prie donc mes lecteurs de me faire part des défauts qu'ils auraient trouvés dans ce Manuel ; je tâcherai de profiter de leurs observations dans une seconde édition.

PREMIÈRE PARTIE.

Chap. I. Des pèlerinages en général, et de celui de Chartres en particulier. 5
Chap. II. De la statue druidique de la Mère de Dieu, vulgairement appelée Notre-Dame sous-terre. . 12
Chap. III. Du vêtement de la très-sainte Vierge, vulgairement appelé *sainte chemise*. . . 59
Chap. IV. De Notre-Dame de la belle Verrière, de Notre-Dame Blanche, de Notre-Dame Bleue . 105
Chap. V. De la Vierge noire du Pilier . . . 115
Chap. VI. Des pèlerins de Notre-Dame de Chartres. 122

SECONDE PARTIE.

Neuvaine à Notre-Dame de Chartres. . . . 179
1er jour, Notre-Dame, tutèle de Chartres . . *ibid.*
2e jour, Notre-Dame de Chartres, secours des guerriers. 184
3e jour, Notre-Dame de Chartres préservant de l'hérésie. 187
4e jour, Notre-Dame de Chartres illustre par ses miracles. 195
5e jour, Notre-Dame de Chartres conservant les enfants qui lui sont consacrés. . . . 197
6e jour, Notre-Dame de Chartres, santé des malades. 201

7ᵉ jour, Notre-Dame de Chartres honorée par les pèlerins. 204
8ᵉ jour, Notre-Dame de Chartres recevant des ex-voto. 210
9ᵉ jour, Notre-Dame de Chartres secours des chrétiens. 213
Litanies de Notre-Dame de Chartres. . 217

J'ai lu le Manuel du Pèlerin de Notre-Dame de Chartres de M. l'abbé Bulteau. Cet ouvrage, qui décèle bien la science et la piété de son auteur, sera éminemment utile aux fidèles, sous le double rapport de leur instruction et de leur édification. Ils s'y retremperont en le lisant dans les sentiments d'une tendre dévotion envers la Mère de Dieu.

Tournai, le 29 avril 1855.

C.-J. VOISIN, VICAIRE-GÉNÉRAL.